BIRGIT PREUSS-SCHEUERLE

Entscheide und ... gewinne!

Schluss mit dem ewigen »Vielleicht«

Inhalt

Sicher ans Ziel – mit Konsequenz und Willenskraft

Im Zweifelsfall: Fehler finden, Chancen nutzen

Entscheidungstechniken im Überblick

Vorwort

Liebe Leserin, lieber Leser,

Sie treffen täglich Entscheidungen. Wer entscheidet bei Ihnen? Der Kopf oder der Bauch? Über das Aufstehen Ihr Kopf, denn Sie haben Verpflichtungen. In der Frage des Outfits plädiert Ihr Bauch für Pink und Ihr Verstand für Blau. Vielleicht streiten sich die beiden auch beim Frühstück. Dennoch klären Sie kleine Fragen meist schnell und unkompliziert. Wie sieht es aber bei den größeren aus? Wohin fährt die Familie in Urlaub? Brauchen Sie eine Haushaltshilfe? Kündigen Sie den Job, um für die Familie da zu sein?

Je komplexer die Entscheidung, desto schwieriger gestaltet sich der Weg dorthin. Machen Sie Schluss mit dem ewigen »Vielleicht« und dem »Wenn« und »Aber«. Entwickeln Sie Verstand und Gefühl zu einem unschlagbaren Team. Lernen Sie sich und Ihre Entscheidungswege besser kennen und entdecken Sie, wie Sie sich mithilfe bewährter Techniken und Ihrer Intuition schnell und sicher entscheiden.

Viel Erfolg dabei
wünscht Ihnen
Birgit Preuß-Scheuerle

Alles, was Sie für eine gute Entscheidung brauchen

→ Mal sind Sie gezwungen, blitzartig zu entscheiden, ohne lange Zeit zum Nachzudenken zu haben, dann wieder stehen Sie vor komplexen Fragen, die eine fundierte und vor allem sichere Entscheidung erfordern. Der erste Schritt ist daher herauszufinden, welcher Entscheidungstyp Sie eigentlich sind und welcher Weg in der jetzt anstehenden Entscheidung zu der besten Lösung führt.

Von kleinen und großen Entscheidungen

Sicher kennen Sie auch die ganz alltäglichen Routinefragen: Was ziehe ich an? Schreibe ich eine E-Mail oder telefoniere ich lieber? Gehe ich jetzt oder später einkaufen? Diese Entscheidungen treffen Sie schnell, ohne lange nachzudenken – aus Ihrer Erfahrung heraus. Je nach Wetterlage oder dem jeweiligen Anlass wählen Sie Ihre Kleidung aus. Sie wissen, dass eine Antwort per E-Mail mehr Zeit erfordern kann als ein Telefonat, bei dem sich so manche Frage sehr viel schneller und einfacher klären lässt. Auch wenn es ums Einkaufen geht, können Sie sich denken, zu welchem Zeitpunkt viel oder wenig in den Geschäften und an den Kassen los sein wird.

Zum Glück brauchen Sie über solche Entscheidungen nicht lange nachzudenken, denn sonst wäre der Alltag ungeheuer kompliziert. Doch daneben gibt es Entscheidungen, die über diese recht einfachen Fragen hinausgehen.

Das Eisenhower-Prinzip: sortieren Sie vor

Um die Bedeutung einer Entscheidung festzulegen, bietet sich das Eisenhower-Prinzip aus dem Zeitmanagement an. Die Kriterien dabei sind *Wichtigkeit* und *Dringlichkeit.*

→ Dringliche C-Entscheidungen wie das Einkaufen sind Routine. Denken Sie hier nur über Änderungen nach, wenn Sie mit der aktuellen Situation unzufrieden sind.

- B-Entscheidungen sind wichtig, aber nicht dringlich. Fragen wie »Gehe ich in zwei Jahren wieder in meinen Job zurück oder verlängere ich die Elternzeit?« können Sie in aller Ruhe, auch mithilfe aufwändigerer Techniken, beantworten.
- A-Entscheidungen sind wichtig und dringlich. Führen Sie ein Klärungsgespräch mit Ihrer Freundin oder sitzen Sie den Konflikt aus?

INFO

Reagieren Sie angemessen

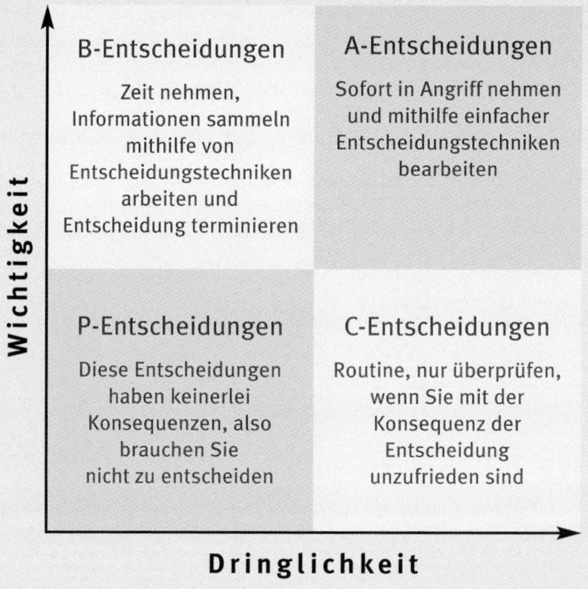

In solchen Situationen sind einfache und effektive Entscheidungstechniken gefragt, die Ihnen sofort helfen.

→ P(apierkorb)-Entscheidungen wie »Lese ich die Werbung einer Lottogesellschaft?« haben keine Konsequenzen, die Werbung wandert also tatsächlich in den Papierkorb.

Das Eisenhower-Prinzip hilft Ihnen dabei, sich über die Wichtigkeit und Dringlichkeit einer Entscheidung klar zu werden. Wenn Sie Ihre Entscheidungen auf diese Weise vorsortieren, können Sie außerdem leichter die passende Entscheidungstechnik auswählen. Im zweiten Kapitel lernen Sie eine ganze Reihe von Techniken kennen, die auf unterschiedliche Weise funktionieren und die große Bandbreite der Entscheidungsfindung zeigen.

Was möchten Sie verändern?

Neben der Dringlichkeit und Wichtigkeit von Entscheidungen spielt außerdem eine Rolle, welche Veränderung sie nach sich ziehen. Oft haben Menschen Ideen, Wünsche und Träume, die sie verwirklichen könnten. Wie sieht es bei Ihnen aus: Wollen Sie das wirklich? Eine Weltreise machen, alles zurücklassen? Beruflich aufsteigen und dafür 50 Stunden in der Woche arbeiten? Den Job aufgeben, um für die Familie da zu sein? Jede Entscheidung hat ihren Preis. Haben Sie schon darüber nachgedacht, ob Sie den bezahlen wollen? Beziehen Sie bei Ihren Überlegungen auch alltäglichere Dinge ein, zum Beispiel wenn es um Ihre Altersvorsorge geht. Reicht Ihnen Ihre zukünftige Rente oder haben Sie bisher zu wenig vorgesorgt? Sie allein entscheiden, was Sie wirklich verändern möchten und was nicht.

Überprüfen Sie, ob Sie wirklich etwas Neues wollen und wenn ja, was. Dabei hilft Ihnen der folgende persönliche Check (→ Seite 10). Nur wenn Sie eine Veränderung herbeiführen, die Sie tatsächlich möchten, fällt es Ihnen später leicht, hinter Ihrer Entscheidung zu stehen.

Womit sind Sie zufrieden und womit nicht?

Nehmen Sie sich Zeit und Muße, um über Ihre derzeitige Lebenssituation nachzudenken. Finden Sie heraus, wo tatsächlich Handlungsbedarf besteht.

Mit welchen Aspekten oder Situationen in Ihrem Leben sind Sie vollkommen zufrieden?

____

____

Mit welche Aspekten oder Situationen in Ihrem Leben sind Sie einigermaßen zufrieden?

____

____

Mit welchen Dingen oder Situationen in Ihrem Leben sind Sie unzufrieden?

____

____

Sobald Sie erkannt haben, womit Sie unzufrieden sind, wissen Sie, wo Sie als Erstes ansetzen können. Situationen, mit denen Sie einigermaßen zufrieden sind, können Sie sich später widmen, denn sie sind nicht dringend. Denken Sie auch daran, sich ab und zu ins Gedächtnis zu rufen, womit Sie vollkommen zufrieden sind. Das motiviert und zeigt Ihnen, dass Sie auf dem richtigen Weg sind.

Werte und Ziele:
Was ist Ihnen wichtig?

Jede Entscheidung, die Sie treffen, wird auch von Ihren Zielen und Werten beeinflusst – egal, ob Sie sich darüber im Klaren sind oder nicht. Denn jeder Mensch hat seine ganz persönlichen Wertvorstellungen, doch nicht jeder macht sie sich bewusst. Denken Sie einmal in Ruhe darüber nach: Was ist Ihnen wichtiger, Familie oder Karriere? Gesundheit oder Erfolg? Nähe oder Freiheit?

Auf den ersten Blick lassen sich solche Fragen ganz leicht beantworten. Doch wie viele Menschen arbeiten ohne Rücksicht auf ihre Gesundheit? Wie viele setzen die Familie für ihre Karriere aufs Spiel? Und wie viele möchten eher die Erwartungen anderer Personen erfüllen, anstatt auf ihre eigene Motivation zu hören? Diese Menschen kennen ihre Antreiber nicht, entscheiden daher unbewusst und machen sich die Risiken, die mit ihren Entscheidungen verbunden sind, nicht klar. Vermeiden Sie solche Entscheidungsfallen, indem Sie sich ganz bewusst damit befassen, welche Werte und Normen bei Ihnen im Vordergrund stehen.

Schauen Sie sich auch noch einmal die Liste an, die bei Ihrem Selbsttest (→ Seite 10) herausgekommen ist. Lesen Sie nach, womit Sie am wenigsten zufrieden sind und was Sie verändern möchten. Welche persönlichen Ziele und Wertvorstellungen sind mit diesen Aspekten Ihres Lebens verbunden? Hinterfragen Sie sehr kritisch: Sind diese Ziele und Werte tatsächlich Ihre eigenen oder haben Sie sie von anderen Menschen übernommen? Es ist wichtig, diese Frage ganz ehrlich zu beantworten. Denn nur wenn Ihre Entscheidung auf persönlichen Zielen und Wertvorstellungen beruht, können Sie sich besser zum ersten Schritt motivieren und einmal getroffene Entscheidungen leichter umsetzen.

Hinterfragen Sie Ihre Motive

Wenn Sie eine Entscheidung treffen, bedenken Sie, dass diese Folgen hat. Überprüfen Sie Ihre persönlichen Wertvorstellungen daher, bevor Sie aktiv werden. Vielleicht steht auf Ihrer Liste mit dringenden Veränderungen: »Ich möchte meinen Haushalt besser im Griff haben.« Oder: »Ich bin unzufrieden mit meiner Fitness und will trotz der familiären und beruflichen Belastung wieder mehr Sport treiben.«

Versuchen Sie nun herauszufinden, was Sie antreibt: Möchten Sie Ihre Haushaltsführung und Kindererziehung optimieren, um mehr Zeit für sich zu haben, oder wollen Sie eine perfekte Hausfrau und Mutter sein, die immer eine saubere Wohnung hat, gut angezogen ist und wohlerzogene Kinder präsentieren kann? Verbinden Sie mit mehr Sport den Wert, gesund und zufrieden zu sein? Wollen Sie etwas für sich selbst tun? Oder wollen Sie das derzeitige Schlankheitsideal erreichen und aktiv werden, um anderen zu gefallen? Alle Gründe sind legitim und können motivieren, die Umsetzung wird allerdings unterschiedlich ausfallen. Wenn Sie etwas für Ihre Gesundheit unternehmen wollen, werden Sie eher Wirbelsäulengymnastik wählen. Der Wunsch nach Schönheit wird Sie eher in den Bauch-Beine-Po-Kurs führen. Je klarer Ihnen also die Gründe für Ihr Handeln sind, desto höher ist Ihre Motivation, etwas zu tun, und desto zufriedener werden Sie mit dem Ergebnis sein.

Betrachten Sie die Werte und Normen, die hinter Ihren Veränderungswünschen stehen, daher genau: Entsprechen sie Ihnen und Ihrem Wertesystem? Dann wird Ihnen die Umsetzung leicht fallen. Oder wollen Sie eher die Erwartungen Ihrer Mitmenschen erfüllen? Mit dieser Aufgabe wird viel Stress verbunden sein, da die Motivation nicht aus Ihnen selbst herauskommt. Sortieren Sie deshalb Werte aus, die von anderen vorgegeben sind und nicht zu Ihnen passen. Die folgende Übung hilft Ihnen dabei, sich über Ihre eigenen Werte klar zu werden.

Welche Werte sind Ihnen wirklich wichtig?

Was steht bei Ihnen im Vordergrund? Welche Werte und Normen sind Ihre Antreiber und beeinflussen Ihre Entscheidungen? Um dies herauszufinden, wenden Sie den Schnelltest Paarvergleich an. Vergleichen Sie dazu immer zwei Werte miteinander – die keine Gegensätze beschreiben müssen, aber können – und streichen Sie den, der für Sie weniger wichtig ist. Wenn dann nur noch acht Begriffe auf der Liste stehen, vergleichen Sie den oberen mit dem unteren und streichen wiederum einen Begriff, bis nur noch ein Wort übrig ist. Dieses beschreibt den wichtigsten Wert, aus dem heraus Sie handeln. Nachfolgend finden Sie einen Vorschlag, Sie können Ihre Wortpaare natürlich auch selbst bestimmen.

- Harmonie oder Sicherheit
- Unabhängigkeit oder Abenteuer
- Kollegialität oder Ruhm
- Ästhetik oder Geld
- Erfolg oder Spaß
- Gerechtigkeit oder Sinn
- Herausforderung oder Gesundheit
- Anerkennung oder Freude
- Ordnung oder Muße
- Entspannung oder Aktivität

Sie haben die Übung gemacht: Welcher Antreiber ist nun übrig geblieben? Können Sie sich mit ihm identifizieren? Wenn ja, dann haben Sie ehrlich die richtigen Optionen gewählt. Wenn nicht, kann es sein, dass Ihr Verstand gegen Ihr Gefühl entschieden hat. Überprüfen Sie Ihre Auswahl noch einmal. Die letzten drei Optionen sind Ihre Hauptantreiber, Ihre wichtigsten Normen und Werte, auf deren Basis Sie Ihre

INFO

Aus der Forschung: Wie wir Optionen bewerten

Erkenntnisse der amerikanischen Hirnforscher Read Montague und Gregory Berns aus dem Jahr 2002 zeigen, dass Menschen nicht nur nach materiellen Gesichtspunkten entscheiden, sondern auch nach sozialem und emotionalem Gewinn entscheiden. Und dass Menschen den Wert einer Option offensichtlich davon abhängig machen, wie sie von anderen bewertet wird. Je mehr andere etwas haben wollen, desto erstrebenswerter erscheint es uns selbst. Erfahrungen und Erinnerungen beeinflussen unsere Entscheidungen ebenso wie die Stimmung, in der wir uns befinden. Durchströmen uns Gefühle wie Neid, Missgunst oder Zorn, sind umsichtige Entscheidungen kaum möglich.

Ob wir den Gewinn maximieren oder den Verlust minimieren, fühlt sich völlig anders an. Verschiedene Botenstoffe wie Noradrenalin und Serotonin steuern unsere Bewertung. Damit wir nicht nur hormongesteuert reagieren, lohnt es sich gerade im Zeitalter von eBay-Ersteigerungen und Online-Spekulationen, die eigenen Werte und Normen zu kennen, damit Sie beim Ersteigern und Spekulieren noch die Entscheidungskompetenz behalten.

Entscheidungen treffen. Stehen Sie sowohl zu sich selbst als auch zu Ihren Werten und beziehen Sie sie ganz bewusst in Ihre Entscheidungsfindung mit ein.

1

Wohin wollen Sie?

Genauso wichtig wie die Auseinandersetzung mit Ihren Werten und Normen ist die Festlegung Ihrer Ziele. Denn nur wer weiß, wohin er will, kann für sich auch die richtigen Entscheidungen treffen. Ohne Ziel ist kein Weg der richtige. Werden Sie sich deshalb darüber klar, was Sie erreichen wollen, und motivieren Sie sich selbst, den ersten Schritt zu tun. Schreiben Sie Ihre kurz-, mittel- und langfristigen Ziele einmal auf. Dabei helfen Ihnen die folgenden Kriterien:

- Ist Ihr Ziel REALISTISCH? Können Sie es aus Ihrer jetzigen Situation heraus mit Ihren eigenen Fähigkeiten erreichen? »Ich will in einem Jahr Tennisprofi sein« ist für die meisten Menschen kein realistisches Ziel.
- Formulieren Sie Ihr Ziel POSITIV, denn das Unterbewusstsein kann mit Verneinungen nicht arbeiten. Bei einer Zielsetzung wie zum Beispiel »Ich will beim Joggen nicht mehr so atemlos sein« programmieren Sie sich auf das Atemlose. In einer positiven Formulierung lautet das Ziel: »Ich will nach einem Fünfkilometerlauf noch ruhig und tief durchatmen können.«
- Ist Ihr Ziel KONKRET? »Ich will mehr Sport treiben« bleibt unklar. Formulieren Sie besser eindeutig: »Ich laufe jeden Tag 20 Minuten und gehe einmal in der Woche in die Wirbelsäulengymnastik.«
- Gliedern Sie größere Ziele in TEILZIELE, um die einzelnen Schritte überschaubarer zu machen. Sie erhöhen dadurch Ihre Motivation, an der Zielerreichung auch tatsächlich zu arbeiten. »Ich starte mit zehn Minuten Lauftraining und steigere mich pro Woche um fünf Minuten.«
- Ist Ihr Ziel ALLEIN ERREICHBAR? Dabei geht es darum, ob Sie selbst aktiv werden können, wenn Sie zum Beispiel mehr Zeit für sich

wollen, auch wenn Sie die Unterstützung Ihres Ehepartners oder Ihrer Nachbarin bei der Kinderbetreuung brauchen. Bei einer Zielsetzung wie »Ich gewinne im Lotto« können Sie keinen Einfluss nehmen, daher ist das Ziel weder allein erreichbar noch sehr realistisch.

→ Ist Ihr Ziel **TERMINIERT**? Legen Sie ganz genau fest, bis wann Sie Ihr Ziel in die Tat umgesetzt haben wollen. Auf diese Weise schaffen Sie für sich selbst eine stärkere Verbindlichkeit. Formulieren Sie so: »Ich starte mit meinem Training in zwei Wochen, wenn die Schule wieder beginnt, und nutze die 15 Minuten, die ich sonst mit Hausarbeit verbringe, für meine Fitness.«

→ Arbeiten Sie mit **ERFOLGSKONTROLLEN**. Legen Sie fest, woran Sie erkennen, dass Sie wirklich erfolgreich waren. Und feiern Sie, wenn Sie am Ziel angekommen sind. Ihre Formulierung könnte zum Beispiel lauten: »Wenn ich 45 Minuten am Stück laufen kann, habe ich mein persönliches Fitnessziel erreicht.«

Visualisieren: Sicherheit durch mehr Gefühl

Stellen Sie sich nun Ihre Zieldefinition mit einer Imaginationstechnik, dem Visualisieren, bildhaft vor. Wie ist es, wenn Sie Ihr Ziel erreichen? Sie haben ein deutliches Bild vor Ihrem inneren Auge und es liegt ein Lächeln auf Ihren Lippen? Dann wissen Sie, dass Sie auf dem richtigen Weg sind. Das gibt Ihnen die Kraft, Ihr Ziel weiterzuverfolgen, auch wenn Sie auf Hindernisse stoßen oder einzelne Umsetzungsschritte besonders beschwerlich sind. Sie werden es sehr schnell merken: Falsche Ziele oder Zielsetzungen, die Sie von anderen übernommen haben, lösen unangenehme Gefühle aus. Oder es fällt Ihnen schwer, solche Ziele überhaupt zu visualisieren. Dieser Effekt hilft Ihnen bei Ihrer Entscheidungsfindung. Trainieren Sie das Visualisieren, auch wenn der Film im »Kopfkino« am Anfang nicht gleich laufen will.

Zielgerichtet visualisieren

Nehmen Sie sich für diese Übung ausreichend Zeit. Machen Sie es sich bequem und hören Sie ruhige Musik, die Ihnen gefällt. Sorgen Sie für eine angenehme und entspannte Atmosphäre, denn damit erleichtern Sie sich die gedankliche Zeitreise.

- Stellen Sie sich Ihr Ziel vor: Was werden Sie tun, wenn Sie Ihr Ziel erreicht haben? Wo sind Sie? Wie sprechen Sie? Wer ist bei Ihnen oder sind Sie allein? Was machen die Menschen, die mit Ihnen in dieser Situation sind?
- Stellen Sie sich den letzten Schritt vor dem Ziel vor: Gehen Sie in Gedanken einen Schritt zurück. Visualisieren Sie die Etappe vor dem Ziel. Wie fühlen Sie sich jetzt? Wie verhalten Sie sich? Woran erkennen Sie, dass Sie kurz vor dem Ziel stehen?
- Stellen Sie sich Ihre Etappenziele vor: Wie verhalten Sie sich, wenn Sie bei den einzelnen Etappenzielen angekommen sind? Wie sehen Sie aus? Mit wem sprechen Sie?
- Visualisieren Sie übergeordnete Ziele: Wobei hilft Ihnen das erreichte Ziel? Was wollen Sie damit erreichen? Worin liegt der Sinn?
- Visualisieren Sie Mittel und Wege zum ersten Teilziel: Wie viel Zeit und Energie brauchen Sie, um an Ihr Ziel zu gelangen? Wie überwinden Sie Widerstände? Wer kann Ihnen dabei helfen?
- Stellen Sie sich den ersten Schritt vor: Wie fangen Sie an? Sehen Sie, wie Sie tatsächlich den ersten Schritt gehen?

Fokussieren: keine Angst vor neuen Zielen

Achten Sie auf sich: Falls Sie beim Visualisieren der Ziele ein ungutes Gefühl verspüren, kann dies ein Hinweis auf versteckte Ängste sein. Wenn Sie diesen begegnen wollen, nutzen Sie die Technik des Fokussierens. Damit können Sie Ihren Blick wie mit einem Fotoapparat anders einstellen und zum Beispiel Schönes hervorheben und damit Ängste verringern.

Gehen Sie in Ihren Gedanken noch einmal zu Ihrem Ziel und schauen Sie sich die Szene einmal genauer an. Heben Sie das Schöne an dieser Situation deutlich hervor:

- → Sie sind am Ziel angelangt.
- → Stellen Sie sich die Situation groß vor.
- → Machen Sie das Bild farbig, scharf und ganz deutlich.
- → Betrachen Sie das neue Bild sehr genau und lassen Sie all Ihre guten Gefühle zu.

Mit dem folgenden Schritt verringern Sie Ihre Ängste:

- → Schauen Sie sich das Bild, das Ihnen Angst macht, ganz genau an.
- → Machen Sie es kleiner, zoomen Sie es weit weg.
- → Betrachten Sie es in Schwarzweiß.
- → Stellen Sie es unscharf.
- → Zoomen Sie es noch kleiner.

Sehen Sie sich anschließend das neue Bild ganz genau an. Verspüren Sie nun weniger Angst, wenn Sie es betrachten? Dann können Sie die Hindernisse auf dem Weg dorthin sicherlich überwinden. Bleiben Ihre Ängste trotzdem so stark wie vorher, sollten Sie Ihr Vorhaben lieber noch einmal überprüfen. Ist es tatsächlich Ihr Ziel oder haben Sie es nur von anderen übernommen? Sie wissen ja bereits, dass nur die Ziele sinnvoll sind, die Sie wirklich aus Ihrem inneren Antrieb heraus erreichen wollen.

Erfahrungsbericht

Ellens neuer Job

Ellen hat die Möglichkeit, sich in einem halben Jahr beruflich zu verändern. Dies ist für sie eine B-Entscheidung, die sie so terminiert hat, dass genug Zeit zum Überlegen bleibt – und für einen Kurs, mit dem sie ihre Englischkenntnisse für den neuen Job auffrischen will. Insgeheim fürchtet sie sich davor, das Angebot anzunehmen, denn in Fremdsprachen war sie nie gut. So entschließt sie sich, ihre Zielsetzung Englischkurs zu visualisieren, um ihren Ängsten auf die Spur zu kommen.

Das Ziel zu visualisieren fällt ihr leicht. Mit anderen Mitarbeitern sitzt sie im Großraumbüro, es herrscht geschäftiges Treiben. Sie bleibt ruhig, versteht genau, was der Kunde am Telefon möchte, und antwortet flüssig. Wenn ihr ein Wort fehlt, umschreibt sie es einfach.

Der letzte Schritt ist schon nicht mehr so angenehm: die Prüfung. Das Gleiche gilt für das Pauken davor. Auch als sie sieht, wie sie ihre Anmeldung losschickt, beschleicht sie ein ungutes Gefühl. Denn nun wird die Teilnahme verbindlich. Um gegen die negativen Gefühle anzugehen, fokussiert Ellen einzelne Situationen. Sie sieht sich im Kurs mit anderen Schülern Spaß haben. Sie gibt Farbe hinzu, macht die Szene groß und deutlich. Die Prüfungssituation hingegen stellt sie sich grau vor und zoomt sie weit weg, sie stellt das Bild unscharf und überprüft ihr Gefühl dabei. Die Prüfung wird so zu einem Schritt auf dem Weg zum Ziel, sie kann ihre Angst überwinden, schließlich hat sie früher auch schon andere Prüfungen bestanden.

Ellen ist sich sicher: Sie kann es schaffen, wenn sie sich Etappenziele steckt und ihr jemand beim Lernen hilft. Und der ganze Aufwand lohnt sich, denn die neuen Aufgaben sind interessant und mit Aufstiegschancen verbunden. Diese übergeordneten Ziele geben ihr ebenfalls Zuversicht.

Wie viel Veränderung darf es sein?

An dieser Stelle bleibt noch zu klären, wie groß die Veränderung in Ihrem Leben wirklich sein kann und darf. Sie wissen ja, dass sich wichtige Entscheidungen auf Ihre gesamte Lebenssituation auswirken. Denken Sie daher gründlich und ganz in Ruhe über die beiden folgenden Fragen nach, bevor Sie sich endgültig auf eine Entscheidung festlegen, die Sie dann auch umsetzen wollen:

- → Welche Konsequenzen wollen Sie in Kauf nehmen?
- → Wie stark darf sich Ihre Entscheidung auswirken?

Indem Sie Ihre Ziele visualisiert und Ihre Ängste fokussiert haben, sind Sie Ihren Emotionen einen großen Schritt näher gekommen. Diese beiden Imaginationstechniken können Sie nun in abgewandelter Form einsetzen, um zu überprüfen, wie sehr Sie überhaupt dazu bereit sind, Veränderungen in Ihrem Leben zuzulassen. Seien Sie dabei sich selbst gegenüber ehrlich und spüren Sie Ihren Empfindungen nach.

- → **ALLES BLEIBT, WIE ES IST:** Stellen Sie sich vor, Ihre Lebenssituation bleibt so, wie sie derzeit ist. Wie fühlen Sie sich dabei? Auch in einem Jahr wird sie immer noch so sein. Welche Gefühle löst diese Vorstellung in Ihnen aus? Erweitern Sie den Zeitraum auf fünf, auf zehn und auf 20 Jahre. Wie fühlt sich die Situation dann wohl an? Verstärken sich die negativen Emotionen eventuell? Werden diese Empfindungen unangenehmer, je länger Ihre Lage so bleibt? Dann ist es an Zeit, dass Sie etwas verändern.
- → **DIE SITUATION ÄNDERT SICH:** Visualisieren Sie nun die Veränderung. Stellen Sie sich die Situation in einem, in fünf, in zehn, in 20 Jahren vor. Wo stehen Sie nach dieser Zeit, was ist anders geworden? Wie fühlt sich die Situation dann an? Vielleicht fühlen Sie sich unter den neuen Umständen besser? Dann sagt Ihnen Ihr Gefühl ganz klar und eindeutig, dass es sich auf jeden Fall lohnt, etwas an der aktuellen Lage zu verändern.

Besser entscheiden – mit der richtigen Strategie

Sie haben sich in aller Ruhe über Ihre Wünsche und Ziele Gedanken gemacht, Ihre Motive hinterfragt und festgestellt, wie viel Veränderung Sie in Ihrem Leben wollen. Fällt es Ihnen nun leichter, eine Entscheidung zu treffen, den ersten Schritt zu wagen? Wenn es sich bei Ihnen nicht so anfühlt, denken Sie sich vielleicht jetzt: »Na ja, das ist ja alles gut und schön, aber bei mir funktioniert das so nicht.« Oder haben Sie spontan Lust, direkt mit den Veränderungen anzufangen? Vielleicht ist das Ihr grundlegendes Gefühl, aber dennoch hören Sie Ihre innere Stimme, die nicht ganz einverstanden ist.

- Sie haben noch ein Wenn und ein Aber einzuwenden?
- Sie zweifeln an Ihren Empfindungen, haben den Eindruck, dass die Bilder und Ihre Emotionen Sie trügen?
- Sie hätten gerne mehr harte Fakten?
- Sie können nicht auf der Stelle anfangen?
- Sie haben Angst, dass Ihre Entscheidung schlicht und ergreifend falsch sein könnte?
- Oder ist es bei Ihnen eher grundsätzlich so, dass Sie das Vertraute und Bekannte bevorzugen?

Machen Sie sich keine Sorgen, Zweifel und Unsicherheit verspürt jeder einmal. Ob sie bei Ihnen stärker ausgeprägt sind, hängt auch davon ab, welcher Entscheidungstyp Sie sind. Je mehr Sie über sich selbst wissen, desto bewusster können Sie Entscheidungsprozesse steuern und die für Sie am besten geeignete Entscheidungsstrategie wählen. Mit dem folgenden Test können Sie herausfinden, wie Sie Ihre Entscheidungen treffen und welche Techniken für Ihren Entscheidungstyp am besten geeignet sind.

Welcher Entscheidungstyp sind Sie?

Treffen die folgenden Sätze auf Sie zu oder nicht?

	Ja	Nein
Neues fasziniert mich.	○ SU	○ GW, SB
Meinungen anderer sind mir wichtig.	○ SB	○ SU
Ich vergleiche gern viele Informationen.	○ SB	
Routine beruhigt mich.	○ GW	
Wenn ich eine Idee gut finde, setze ich sie sofort um.	○ SU	○ GW, SB
Wenn andere schnelle Entscheidungen wollen, fühle ich mich unwohl.	○ GW, SB	○ SU
Ich kann mich gegenüber anderen gut durchsetzen, wenn ich von etwas überzeugt bin.	○ SU	
Unerwartetes bringt mich leicht aus dem Konzept.	○ GW	○ SU
Veränderungen sind Chancen.	○ SU	○ GW
Getroffene Entscheidungen stelle ich öfter in Frage.	○ GW, SB	
Ich vertraue darauf, dass alles gut geht.	○ SU	○ SB
In vertrauten Situationen fühle ich mich am wohlsten.	○ GW, SB	
Ich verlasse mich auf meine Intuition.	○ SU	
Ich brauche Sicherheit durch eine gute Vorbereitung.	○ GW, SB	

Welches Buchstabenpaar haben Sie am häufigsten angekreuzt? Stehen bei einer Antwort zwei Buchstabenpaare, zählen beide. Sie haben zwei Buchstabenpaare gleich oft gewählt? Dann kann es sein, dass Sie sich in unterschiedlichen Situationen jeweils anders verhalten. Wie Sie entscheiden, hängt von den jeweiligen Umständen ab. Lesen Sie in der Auswertung, welche Techniken für welchen Entscheidungstyp geeignet sind.

Entscheidungstyp SB: Sicherheitsbewusste

Sicherheitsbewusste Menschen treffen ungern Entscheidungen, da es keine hundertprozentige Sicherheit gibt, dass sie auch richtig liegen. Denn sie können nur auf Grundlage der vorhandenen Informationen und aus ihrer aktuellen Situation heraus entscheiden.

Stärken

Sie als sicherheitsbewusster Typ gehören zu den Informationssammlern. Daher sind Entscheidungstechniken, mit denen Sie viele Informationen strukturieren und verarbeiten können, für Sie genau richtig. Zahlen, Fakten und klare rationale Entscheidungen geben Ihnen das für Sie wichtige Sicherheitsgefühl. Sie können davon ausgehen, dass Ihre Entscheidungen wohl durchdacht und genauestens geprüft sind.

Fallstricke

- → Sie glauben, dass Ihre Entscheidung objektiv ist: Trotz aller Informationen gibt es keine Objektivität und volle Sicherheit, schon die Auswahl und die Gewichtung der Entscheidungskriterien sind subjektiv.
- → Sie übergehen Ihr Gefühl: Wenn Ihr Kopf gegen den Bauch entscheidet, ist das auf Dauer ungesund. Nutzen Sie daher Entscheidungstechniken, die Ihnen helfen, Ihre Gefühle deutlicher wahrzunehmen und stärker in die Entscheidungsfindung einzubeziehen.
- → Sie betreiben zu viel Aufwand: Zu recherchieren erfordert Zeit. Zudem verwirren viele Informationen manchmal mehr, als dass sie helfen. Denken Sie auch daran, dass Sie niemals alle Details bei Ihren Entscheidungen berücksichtigen können. Deshalb ist es wichtig, dass Sie ein klares Ende für die Informationsbeschaffung und ein Zeitlimit für Ihre Entscheidungen festlegen. Sonst kann es passieren, dass Sie Entscheidungen immer wieder aufschieben.

Ihr Weg zu besseren Entscheidungen

Nutzen Sie Techniken, die Informationen strukturieren, zum Beispiel die einfache Matrix (→ Seite 69), die gewichtete Matrix (→ Seite 55) oder die einfache Plus-Minus-Liste (→ Seite 52). Sie geben Ihnen die Sicherheit, die Sie brauchen.

Wichtiger sind für Sie allerdings Techniken, die Sie Ihren Gefühlen näher bringen. Visualisieren (→ Seite 16) und fokussieren Sie (→ Seite 18), nutzen Sie den Zufall (→ Seite 65) und gehen Sie ab und zu in den Zauberwald (→ Seite 91). Lernen Sie, Ihre Gefühle bewusst wahrzunehmen und ihnen mehr zu vertrauen. Praktizieren Sie die innere Achtsamkeit (→ Seite 79) und führen Sie ein Intuitionstagebuch (→ Seite 81).

Entscheidungstyp GW: Gewohnheitsliebende

Wenn Sie zu dieser Gruppe von Menschen gehören, mögen Sie Entscheidungen nicht gerne, da sie auch immer eine Veränderung bedeuten. Ginge es nach Ihnen, könnte vieles so bleiben, wie es ist.

Stärken

Ihre Entscheidungen sind meist wohl überlegt. Sie lassen sich gerne beraten, vertrauen auf die Erfahrung anderer und beziehen auch Ihr Gefühl in den Entscheidungsprozess mit ein.

Fallstricke

→ Sie sind leicht manipulierbar: Da Ihnen die Meinung und die Erfahrung anderer Menschen wichtig sind, kann es leicht passieren, dass Sie manipuliert werden. Machen Sie sich also nicht von so genannten Experten abhängig, sondern sorgen Sie dafür, dass Sie das Heft in der

Hand behalten. Erarbeiten Sie mithilfe von Entscheidungstechniken die für Sie wichtigen Entscheidungskriterien. Dann können Sie auch die Meinungen anderer besser einordnen und müssen sich nicht blind darauf verlassen.

- Sie zögern Entscheidungen hinaus: Da Sie gerne am Gewohnten festhalten, zögern Sie Entscheidungen hinaus. In manchen Situationen ist das Aussitzen zwar auch eine erfolgreiche Strategie, doch meistens führt aktives Herangehen eher zum Ziel. Wegen der Verzögerungstaktik besteht die Gefahr, dass andere Menschen für Sie entscheiden oder doch so viel Druck ausüben, dass Sie nicht mehr überlegt handeln können. Wenn Sie dies unterbinden wollen, setzen Sie sich einen Termin für Ihre Entscheidung.
- Sie stellen Entscheidungen in Frage: Entschieden ist entschieden, damit tun Sie sich schwer. Indem Sie einmal getroffene Entschlüsse anzweifeln, lösen Sie vor allem bei Ihren Mitmenschen viel Unmut aus. Denn damit verhindern Sie, dass sich etwas weiterentwickeln kann. Daher der Rat: Stehen Sie zu Ihren Entscheidungen! Natürlich kann es sein, dass eine andere Option die bessere gewesen wäre. Doch immer wieder zu fragen »Was wäre, wenn« ist nicht nur mühselig, sondern auch denjenigen gegenüber unfair, die sich auf Sie verlassen müssen und wollen. Werden Sie aktiv: Finden Sie heraus, was Sie aus Ihren bisherigen Entscheidungen gelernt haben und wie Sie Ihren Entscheidungsprozess verbessern können.

Ihr Weg zu besseren Entscheidungen

Für Sie ist es wichtig, klare Entscheidungskriterien zu definieren. Nutzen Sie dazu die gewichtete Matrix (→ Seite 55) oder entscheiden Sie nach Muss-Kriterien (→ Seite 46). Das K.-o.-System (→ Seite 62) hilft Ihnen ebenfalls, die für Sie wichtigen Kriterien herauszuarbeiten. Wenn Sie alle möglichen Risiken gründlich durchdenken möchten, können Sie mit dem Worst-Case-Szenario (→ Seite 66) arbeiten.

Achten Sie darauf, dass Sie auch Lösungsansätze entwickeln, sonst werden Sie nicht gerne entscheiden. Erstellen Sie einen Entscheidungsplan (→ Seite 36) mit festen Terminen. Hören Sie auf Ihre Gefühle und nutzen Sie Techniken, die Ihnen diese verdeutlichen. Dazu zählen vor allem das Visualisieren (→ Seite 16) und die Zufallstechnik (→ Seite 65). Wenn Sie Ihre gewohnten Denkbahnen verlassen möchten, wenden Sie die Technik von Salvador Dalí (→ Seite 88) und die von Walt Disney (→ Seite 147) an.

Entscheidungstyp SU: spontane Umkremplerinnen

Wer zu dieser Gruppe gehört, kann Entscheidungen schnell und unkompliziert treffen – ist aber manchmal ein wenig zu voreilig.

Stärken

Sie sind selbstbewusst und selbstsicher, wenn es darum geht, die eigenen Gefühle wahrzunehmen und Ihrer Intuition zu vertrauen. Sie setzen auch unpopuläre Meinungen durch, wenn Sie davon überzeugt sind. Was andere zu sagen haben, hören Sie sich an, aber das ist nie das entscheidende Kriterium. Sie verlassen sich lieber auf sich selbst.

Fallstricke

- Sie entscheiden zu schnell: Da Sie ungern Erbsen zählen, entscheiden Sie manchmal voreilig nach Gefühl, ohne ausreichend Fakten in die Entscheidung einzubeziehen. Halten Sie inne und nutzen Sie ab und zu eine Entscheidungstechnik, die Distanz zu den Gefühlen schafft und dadurch einen anderen Blickwinkel auf eine Situation erlaubt.
- Sie überrumpeln Ihre Mitmenschen: Da Sie nach Gefühl entscheiden, können andere manchmal nicht nachvollziehen, warum Sie sich für etwas entschieden haben. Ihre Umgebung fühlt sich dadurch nicht

ernst genommen. Falls Sie Ihr Vorhaben mit anderen umsetzen wollen, könnte dies zu mehr Widerstand führen, als wenn Sie Ihre Entscheidung transparent machen. Beziehen Sie Ihre Umwelt stärker ein, vor allem, wenn Sie andere bei der Umsetzung Ihrer Pläne brauchen.

→ Ihre Ideen verlaufen im Sand: Wenn Sie viele spontane Ideen haben, kann es passieren, dass diese zu nichts führen. Nämlich dann, wenn Sie die nötigen Schritte für die Umsetzung nicht weiterverfolgen. Sie verstellen sich den Blick auf das Wesentliche. Überprüfen Sie deshalb bei jeder Entscheidung, ob diese wichtig oder dringlich ist, ob sie jetzt sofort oder später ansteht, ob sie viel oder wenig Aufwand erfordert – oder gar zu den P-Entscheidungen gehört.

Ihr Weg zu besseren Entscheidungen

Priorisieren Sie zuerst mit dem Eisenhower-Prinzip (→ Seite 7). Versuchen Sie vor allem bei wichtigen Entscheidungen, Ihre Gefühle bewusst wahrzunehmen und die Werte und Normen zu überprüfen, nach denen Sie entscheiden (→ Seite 11). Verlangsamen Sie Ihren Entscheidungsprozess durch Plus-Minus-Vergleiche (→ Seite 52), Paarvergleiche (→ Seite 51) und die Definition von Muss-Kriterien (→ Seite 46). Überwinden Sie Ihre Abneigung gegenüber rationalen Techniken, denn diese können Ihnen helfen, Ihr Erfahrungswissen und Ihre gute Selbstwahrnehmung effektiver einzusetzen. So kann Sie die gewichtete Matrix (→ Seite 55) dabei unterstützen, klarer zu sehen. Die Ergebnisse können Sie immer noch jederzeit über Bord werfen und ganz nach Ihrem Gefühl entscheiden. Ihr Vorteil liegt darin, dass Sie die betreffende Situation genau durchdacht und überprüft haben, die Konsequenzen und Auswirkungen sind Ihnen bewusst. Um zu überprüfen, ob eine spontane Entscheidung richtig ist, nutzen Sie das Intuitionstagebuch (→ Seite 81). Wird dabei deutlich, dass Ihre Intuition nicht immer zuverlässig ist, können Sie zukünftig ganz gezielt rationale Entscheidungstechniken einsetzen.

Entscheiden Sie – mit Gefühl und Verstand

→ Während der eine zu intuitiven Bauchentscheidungen neigt, schieben andere auch kleine Entscheidungen auf die lange Bank, um immer noch mehr Details zu sammeln. Die Kunst ist es, die Techniken zu kennen, mit denen sich rationale und emotionale Entscheidungsfindung verbinden lassen – und zu wissen, in welcher Situation welche Technik am schnellsten zum Ziel führt.

Zwei Wege zum Ziel: Technik und Intuition

2

Jede Entscheidung zielt letztendlich darauf ab, einen ungewissen Zustand zu beenden. Um eine Klärung herbeiführen zu können, treffen Sie eine Auswahl aus verschiedenen Alternativen. Doch manchmal ist es schwer, diese richtig zu bewerten. Als spontane Umkremplerin hören Sie häufig auf Ihr Gefühl und entscheiden schnell und unkompliziert. Als sicherheitsbewusster Mensch vertrauen Sie lieber auf Ihren Verstand und prüfen alle Argumente für und gegen eine Option. Und der Gewohnheitsliebende umgeht gerne die Entscheidungen und wartet lieber erst einmal ab.

Doch wäre es nicht angenehmer und auch effektiver, aktiv und überlegt zu entscheiden? Dem eigenen Gefühl zu vertrauen und mithilfe des Verstandes überzeugende Argumente zu finden? Ergründen Sie Ihre Entscheidungswege und schaffen Sie damit für sich und auch für andere Menschen Klarheit, wie und warum Sie auf gewisse Art und Weise entschieden haben.

Wie können Entscheidungstechniken Ihnen helfen?

Entscheidungstechniken helfen Ihnen, Ihre Gedanken zu strukturieren, den Entscheidungsweg transparent zu machen und am Ende einen gut reflektierten Entschluss zu fällen. Das trägt auch dazu bei, dass Sie sich nicht nur von Ihren Gefühlen leiten lassen. Denn gerade starke Emotionen verhindern vernünftige Überlegungen.

Vor- und Nachteile von Entscheidungstechniken

+ Sie können komplexe Situationen besser strukturieren.
+ Sie berücksichtigen viele Details und Aspekte einer Problemstellung.
+ Sie schaffen Distanz zum Problem und reduzieren Denkfehler.
+ Sie lassen sich nicht von Ihrem ersten spontanen Gefühl überrumpeln, sondern können sachlich mit der Situation umgehen.
+ Andere Menschen verstehen Ihre Entscheidungen besser, da Sie sie logisch und nachvollziehbar vermitteln können.
+ Sie gewinnen die Unterstützung Ihrer Mitmenschen mithilfe von durchdachten Argumenten.

− Die Verfahren sind zeitaufwändig.
− Sie müssen viele Informationen sammeln, um sie anwenden zu können.
− Die Entscheidungen wirken objektiv und verleiten dazu, das Gefühl völlig auszublenden.
− Sie entscheiden womöglich gegen Ihr Erfahrungswissen und Ihre Intuition.
− Entscheidungstechniken können dazu verleiten, eine Entscheidung hinauszuzögern, wenn kein Schlusspunkt bei der Recherche gesetzt wird.
− Sie laufen Gefahr, sich zu verzetteln, wenn Sie Ihre Entscheidung durch immer noch mehr Techniken absichern wollen.

Fallen Ihnen weitere Vor- und Nachteile ein? Denken Sie über Situationen nach, in denen Sie Entscheidungstechniken bewusst angewendet haben. Was würden Sie heute anders machen?

Denken Sie an Situationen, in denen Sie wütend waren: Ein Wort gab das andere, und später haben Sie bereut, was Sie im Zorn gesagt haben. Wenn Sie eine Distanz zu solch heftigen Gefühlen herstellen, heißt das nicht, dass Sie sie verdrängen, sondern Sie ermöglichen es sich selbst, sachlich mit einer Situation umzugehen.

Arbeiten Sie daher mit Entscheidungstechniken, wenn Sie von starken Gefühlen geleitet werden, wenn Probleme komplex sind und wenn es wichtig ist, andere Menschen mit guten Argumenten von Ihrem Entschluss zu überzeugen. Wenn Sie ihnen vermitteln können, warum und mit welchem Gedankengang Sie Ihre Entscheidungen getroffen haben, treten Sie sicherer und überzeugender auf. Und dann schaffen Sie es leichter, diese Menschen mit ins Boot zu holen. Daneben lassen sich mithilfe solcher Methoden Denkfehler vermeiden, da Sie strukturiert und logisch vorgehen, um zum Ziel zu gelangen.

Wer zu den spontanen Umkremplerinnen gehört, kann die Verzögerung der endgültigen Entscheidung nutzen, um nochmals gründlich über den aktuellen Sachverhalt nachzudenken. Den Sicherheitsbewussten unterstützen Entscheidungstechniken, da sich mit ihnen die Vor- und Nachteile von Entschlüssen klarer herausarbeiten lassen, während es dem Gewohnheitsliebenden mit diesen Methoden leichter fallen wird, eine Entscheidung überhaupt in Angriff zu nehmen.

Was spricht für Entscheidungen mit Gefühl?

Alltägliche rasche Entscheidungen – das sind die C-Entscheidungen nach dem Eisenhower-Prinzip (→ Seite 7) – haben mit Routine zu tun. Sie treffen sie aus Ihrer Erfahrung heraus nach Gefühl und damit liegen Sie auch meistens richtig:

→ Ob Ihre Kinder jetzt oder später ihre Hausaufgaben erledigen sollen, machen Sie an deren Konzentrationsfähigkeit fest.

- Ob es Nudeln oder Reis zum Essen gibt, hängt vom Vorrat, dem Zeitplan oder auch von persönlichen Vorlieben ab.
- Ob Sie sich heute oder morgen mit Ihrer Freundin auf eine Tasse Kaffee treffen, entscheidet der Terminplan oder Ihre Stimmung.

In der Arbeit ist eine intuitive Entscheidung dann sinnvoll, wenn Sie zum Beispiel Erfahrung mit Ihren Aufgaben haben und auf die vor Ihnen liegende Situation gut vorbereitet sind:

- Ob Sie in einer Verhandlung weiter über den Produktpreis sprechen, entscheiden Sie spontan, wenn Sie sehen, wie sich Ihr Gesprächspartner verhält. Er signalisiert Ihnen, ob noch Spielraum besteht.
- Die Stimmung des Vorgesetzten gibt den Ausschlag, ob Sie heute oder lieber erst morgen eine heikle Frage mit ihm diskutieren, wenn die Zeit nicht drängt.
- Ihre Erfahrung sagt Ihnen auch, dass ein Kollege so viel zu tun hat, dass er Sie heute beim besten Willen nicht unterstützen kann und Sie ihn deshalb erst gar nicht fragen sollten.

Die Vorteile dieser Entscheidungsfindung liegen auf der Hand: Gerade wenn es um kleinere Fragestellungen geht, wenn Sie schnell handeln müssen oder wenn Ihr Entschluss mit anderen Menschen zu tun hat, treffen Sie Entscheidungen, die sehr oft richtig oder zumindest brauchbar sind. Sie haben zum Beispiel in einer Besprechung auch gar keine Zeit, mit aufwändigen Entscheidungstechniken zu arbeiten. Dann ist es notwendig, dass Sie sich voll und ganz auf Ihre Intuition verlassen können. Hilfreich ist dabei selbstverständlich eine gute Vorbereitung: Stecken Sie Ihren Verhandlungsspielraum schon im Voraus ganz klar ab.

Denn falls Sie sich vorher keinerlei Gedanken gemacht haben, dann besteht die Gefahr, dass Sie Ihr Ziel gar nicht kennen oder es aus dem Blick verlieren. In solchen Fällen kann es leicht passieren, dass Sie die Reaktionen Ihrer Mitmenschen falsch interpretieren und sich ganz nach deren Verhalten richten.

Der Verstand lässt sich gerne vom Herzen hintergehen.

[François de la Rochefoucauld | *Französischer Schriftsteller*]

Wenn Sie zum Beispiel die Preismargen bei bestimmten Produkten kennen oder wissen, wie viel Spielraum Ihr Vorgesetzter bei Verhandlungen zulässt, haben Sie die nötigen Hintergrundinformationen, um im Gespräch souverän aufzutreten. Und nur dann können Sie sich auf Ihre Intuition verlassen. Versäumen Sie es hingegen, derartige Informationen einzuholen, laufen Sie Gefahr, zu schnell einzulenken und unsicher zu wirken, da Ihnen die Grundlagen für klare und eindeutige Aussagen fehlen.

Intuitive Entscheidungen eignen sich darüber hinaus auch in Situationen mit einem großen Unsicherheitsfaktor: Sie wollen oder müssen eine Entscheidung treffen, die mit einer großen Ungewissheit einhergeht, die sich selbst mit logischen Argumenten nicht vollständig aus der Welt schaffen lässt.

Ob zum Beispiel die Riesenparty im Herbst ohne Zelte im Freien stattfinden kann, werden Sie nicht mit hundertprozentiger Sicherheit sagen können, denn für Wetterprognosen gibt es keine Garantie. In solchen Fällen gibt es drei Möglichkeiten zu reagieren, auch abhängig davon, zu welchem Entscheidungstyp Sie gehören:

- Achten Sie auf eventuelle ungute Gefühle und organisieren Sie Zelte, wenn Sie ein sicherheitsbewusster Mensch sind.
- Mögen Sie es eher spontan, dann bitten Sie Ihre Gäste, bei Bedarf in warmer, regendichter Kleidung zu erscheinen.
- Gewohnheitsliebende wiederum werden lieber in einem Festsaal feiern, denn Partys im Oktober sollten eigentlich immer indoor stattfinden, um Überraschungen zu vermeiden.

Vor- und Nachteile von intuitiven Entscheidungen

- Sie treffen schnelle Entscheidungen.
- Sie nutzen Ihre Erfahrung und Intuition.
- Sie können die Gefühle anderer Menschen besser berücksichtigen.
- Sie bleiben spontan und flexibel.
- Sie wirken entschlusskräftig und souverän.
- Sie berücksichtigen Ihre Gefühle und sagen nicht Ja, wenn Sie Nein meinen.

- Sie entscheiden nach unbewussten Kriterien und Werten.
- Der Weg zur Entscheidung lässt sich anderen nur schwer vermitteln.
- Der Widerstand Ihrer Mitmenschen erhöht sich, wenn Sie Ihre Entscheidung nicht begründen können.
- Fehlentscheidungen lassen sich nicht nachvollziehen, Sie können also auch nicht daraus lernen.
- Bei komplexen Entscheidungen sind Sie überfordert.
- Sie sind leichter durch die Meinungen anderer Menschen manipulierbar.

Fallen Ihnen weitere Vor- und Nachteile ein? Denken Sie über Situationen nach, in denen Sie bewusst nach Ihrem Gefühl entschieden haben. Was würden Sie aus heutiger Sicht anders machen?

Kopf und Bauch: ein gutes Team

Am besten sind Entscheidungen, die Sie mit Gefühl *und* Verstand treffen. Wenn Sie es schaffen, ein ausgewogenes Verhältnis zwischen nüchterner Analyse und emotionaler Beteiligung zu erreichen, profitieren Sie auf zwei Arten, denn diese beiden Aspekte der Entscheidungsfindung ergänzen sich nicht nur, sie greifen auch ineinander.

Im Idealfall läuft das so ab: Sie haben einen ersten Eindruck davon gewonnen, wie Sie entscheiden könnten. Bleiben Sie nicht dabei, sondern gehen Sie auf Distanz und machen Sie sich die Folgen dieser Möglichkeiten bewusst. Wenn Sie dabei Entscheidungstechniken anwenden, können Sie emotionale Hemmnisse überwinden und untersuchen auch solche Optionen, die bisher rein gefühlsmäßig nicht in Frage kamen. Diese Überlegungen können auch zu einer neuen emotionalen Bewertung führen.

Wenn Sie schließlich zu einer Entscheidung gekommen sind, spüren Sie immer auch Ihren Emotionen nach. Haben Sie ein ungutes Gefühl, ist das ein sicherer Hinweis darauf, dass etwas nicht stimmt. Dann ist es am besten, die eigene Entscheidung noch einmal zu überdenken. Richtig, dieser Prozess ist mit großem Aufwand verbunden, doch wenn Entscheidungen von großer Tragweite anstehen, lohnt es sich für Sie, dass Sie Zeit und Gedanken investieren.

Gut vorbereitet ist halb gewonnen

Für Kopfmenschen wie den sicherheitsbewussten Typ sind rationale Entscheidungsfindungen ein Muss, für spontane Umkremplerinnen manchmal ein lästiges Kann. Gewohnheitsliebenden eröffnen sie einen Weg, wenn eine Entscheidung getroffen werden muss. Doch was ist mit der rationalen Entscheidungsfindung tatsächlich möglich? Und was können die vielen Techniken tatsächlich leisten? Lernen Sie die unterschiedlichen Techniken kennen und finden Sie heraus, welche Ihnen wann am besten helfen kann.

Ihr ganz persönlicher Entscheidungsplan

Klären Sie im ersten Schritt, wie Ihre Fragestellung genau lautet. Denn schon dadurch kann sich Ihr Blickwinkel auf eine Situation oder Sachlage komplett verändern. Wenn Sie sich von Entweder-Oder-Fragen lösen und Ihren Blick einmal in die Ferne schweifen lassen, werden Sie schon bald merken, dass sich mehr Optionen für eine Entscheidung ergeben, als Sie zunächst vermuten.

Machen Sie sich ans Werk und finden Sie Antworten auf Ihre Fragen. Definieren Sie für sich das Wann und Wie für Ihren Entscheidungsweg. Lassen Sie sich nicht entmutigen, wenn Sie erkennen, dass sich ein großer Berg Arbeit vor Ihnen auftürmt. Ihr persönlicher Entscheidungsplan hilft Ihnen dabei, am Ball zu bleiben und nicht aufzugeben, bevor Sie Ihr Ziel tatsächlich erreicht haben.

Wann starten Sie durch?

Manchmal ist das Wann durch äußere Umstände vorgeben. Dies hat Vor- und Nachteile. Das Gute daran: Sie müssen zu einem genau definierten Zeitpunkt eine Entscheidung treffen. Auf der anderen Seite haben Sie unter Umständen wenig Zeit, Informationen zu sammeln und sie in Ruhe zu gewichten. Wenn kein Termin für Ihre Entscheidung feststeht, empfiehlt es sich, selbst einen realistischen Zeitrahmen abzustecken. Sonst kann es passieren, dass Sie wichtige Entscheidungen bis zum Sankt-Nimmerleins-Tag hinausschieben.

Erfahrungsbericht

Sandra legt ihre Fragestellung fest

Das Unternehmen, in dem Sandra seit 15 Jahren arbeitet, ist in kurzer Zeit dreimal verkauft worden. Jedes Mal befürchtete sie, dass sie ihr Homeoffice, mit dem sich Job und Familie gut vereinbaren lassen, aufgeben müsste. Bei der dritten Umstrukturierung wurde sie dann vor die Wahl gestellt – zurück in die Firma oder kündigen.

Als spontane Umkremplerin kommt ihr die Idee, sofort zu kündigen, weil sie sich schlecht behandelt fühlt. Allerdings ist ihr der Beruf wichtig und ohne ihr Einkommen wird es für die Familie finanziell enger werden. Ihr gehen verschiedenste Gedanken durch den Kopf: »Jeden Tag eine Stunde Fahrt, das kostet viel Zeit und Geld. Die Kinderbetreuung wäre teurer. Mein Sohn braucht mich wegen seiner schulischen Probleme. Meine Tochter würde leiden, da sie so an mir hängt. Aber wenn ich kündige, kriege ich keinen Job mehr, Teilzeitstellen sind rar. Mir fällt die Decke auf den Kopf als Hausfrau. Zwar hätte ich mehr Zeit für mich, doch ohne Job kann ich mir kleine Vergnügen nicht mehr leisten.«

Sandra diskutiert mit ihrem Mann Harald und mit Freunden darüber. Das hat sie aber nicht weitergebracht, denn es geht immer nur darum, den Job aufzugeben oder zu behalten. Für ihre Wünsche, Bedürfnisse und Ängste interessiert sich niemand. Als Sandra alleine für sich nachdenkt, wird ihr klar, dass ihre Frage nicht »Gebe ich meinen Job für meine Familie auf?«, sondern: »Ist es möglich, unter den geänderten Rahmenbedingungen Familie und Beruf zu vereinbaren?« lautet. Daraufhin priorisiert Sandra ihre Werte und Ziele und informiert sich über die Details ihrer Entscheidung, zum Beispiel über Kinderbetreuungsmöglichkeiten und Arbeitszeitmodelle für Teilzeitbeschäftigte.

Abhängig davon, wie komplex Ihre Entscheidung ist, umfasst ein sinnvoller Zeitplan zwei bis sechs Monate. Geben Sie sich selbst einen längeren Zeitraum vor, besteht die Gefahr, dass Sie nicht zügig und konsequent an der Entscheidungsfindung arbeiten. Doch währenddessen werden die Gedanken an Ihre Aufgaben immer wieder auftauchen, auch wenn Sie sich gerade mit etwas anderem beschäftigen. Das führt dazu, dass Sie für diesen Prozess unnötig viel Energie aufwenden müssen – was sich durch gute Planung aber vermeiden lässt.

Liegt der Zeitpunkt, bis wann Sie entscheiden wollen oder müssen, weiter als sechs Monate entfernt, setzen Sie sich am besten einen Termin, zu dem Sie ganz bewusst mit der Entscheidungsfindung beginnen werden. Wenn Sie dies tun, können Sie Gedanken an die Entscheidung vor diesem Zeitpunkt eher zur Seite schieben und sich Ihren Kopf für Aktuelles und Wichtiges freihalten.

Legen Sie fest: Wie geht es weiter?

Das »Wie« einer Entscheidung festzulegen, ist der nächste Schritt im Entscheidungsprozess. Dazu gehören

- der detaillierte Zeitplan,
- die Informationsbeschaffung und
- die Technik,

mit der Sie arbeiten wollen. Sie haben bei der Klärung Ihrer Fragestellung erkannt, dass Sie für eine fundierte Entscheidung noch viele Informationen brauchen? In diesem Fall erarbeiten Sie am besten eine Checkliste, welche Aufgaben Sie bis zu welchem Termin erledigt haben wollen. Damit behalten Sie immer den Überblick über den Stand der Dinge und können sich kleine Etappenziele auf dem Weg zum großen Ziel stecken.

Auf der nächsten Seite finden Sie einen Muster-Countdown, den Sie um die konkreten Punkte ergänzen können, die für Ihre persönliche Entscheidung wichtig sind.

DER COUNTDOWN

Bis drei Wochen vor der Entscheidung

- Informationen im Internet suchen
- Bei Ämtern und Behörden nachfragen
- Recherche in Büchern und Zeitschriften

Bis zwei Wochen vor der Entscheidung

- Ziele und Werte priorisieren
- Informationen in eine Entscheidungsmatrix übertragen
- Gespräche über Alternativen mit allen Personen, die von der Entscheidung betroffen sind
- Mithilfe einer Technik Entscheidung treffen
- Argumentation entwickeln
- Gefühl überprüfen
- Entscheidung nochmals visualisieren und fokussieren

Bis zwei Tage vor der Entscheidung

- Gefühle bewusst wahrnehmen
- Argumente mit sich selbst diskutieren
- Im Zweifelsfall nochmals visualisieren und fokussieren

Am Vortag der Umsetzung

- Argumentation für Gespräche schriftlich vorbereiten

Am Vorabend der Entscheidung

- Entspannen
- Entscheidung feiern

Der Tag der Entscheidung ist da

- Gespräch mit den betroffenen Personen
- Entscheidung mitteilen
- Entscheidung umsetzen

Gewusst wie: gezielte Recherche

Wie im ersten Kapitel ab Seite 11 beschrieben, brauchen Sie zunächst ein Ziel, um entscheiden zu können. Doch nicht alle Vorhaben lassen sich ohne weiteres in die Realität umsetzen, denn nicht nur der eigene Wille, sondern auch die jeweiligen Rahmenbedingungen sind entscheidend. Sicher haben Sie Ihr eigenes Ziel schon definiert. Prüfen Sie nun genau, wie die Rahmenbedingungen bei Ihnen aussehen und wie diese Ihre anstehende Entscheidung beeinflussen.

Immer sind es Fakten, die dazu beitragen, dass Sie eine Entscheidung bewusst fällen können. Sie ermöglichen es, rationale Kriterien für und gegen eine Option zu sammeln. Daher lohnt es sich für Sie, gründlich

INFO

Studienergebnisse zu Entscheidungsfaktoren

Versuche der Psychologen Daniel Kahnemann und Amos Tversky von der Stanford University zeigten in den 1970er Jahren, dass Probanden in einem Versuch Entscheidungsalternativen, die mathematisch dieselbe Lösung ergaben, je nach Darstellung der Möglichkeiten bewerteten. Wurden die Vorteile von Entscheidung A und die Nachteile von B hervorgehoben, entschieden sich die Teilnehmer für A. Wenn hingegen die Vorteile von B und die Nachteile von A betont wurden, entschieden sich die Probanden für B. Genauso beurteilen wir Sachverhalte abhängig von unserer Lebens- und sozialen Situation.

und ausgiebig zu recherchieren – durchaus auch mit großem Zeitaufwand –, denn mehr zu wissen gibt Ihnen sehr viel mehr Sicherheit bei der Entscheidungsfindung.

Hilfreich ist aber nur eine gezielte Recherche. Damit Sie nicht ins Blaue hinein arbeiten, notieren Sie sich zuerst eine Liste mit Fragen, die Sie beantworten wollen. Besteht Ihr Ziel zum Beispiel darin, Beruf und Familie besser zu vereinbaren, könnten Ihre Fragen so lauten:

- Welche Kinderbetreuungsmöglichkeiten gibt es in der Nähe?
- Wie hoch sind die Kosten?
- Welche Teilzeitarbeitsmodelle gibt es in meinem Unternehmen?
- Wie hoch sind meine Chancen, eine andere Stelle zu finden?

Erarbeiten Sie zusätzliche Fragen, die für Ihren Fall von Bedeutung sind. Ein solcher Fragenkatalog ist ausgesprochen hilfreich, wenn Sie in kurzer Zeit alle relevanten Informationen zusammentragen wollen.

Welche Informationsquellen gibt es?

Im Zeitalter der Informationsflut ist es wichtig, genau zu wissen, welche Quellen es erlauben, wirklich relevante Informationen in möglichst kurzer Zeit zusammenzutragen. Gehen Sie dabei strukturiert vor: Formulieren Sie genau, was Sie wissen wollen, und recherchieren Sie zunächst allgemeine Fakten, um dann ins Detail zu gehen.

- INTERNET: Das Internet bietet reichlich, aber auch viel überflüssiges Wissen. Je genauer Sie Ihre Suchbefehle definieren, desto konkreter sind die Informationen, die Ihnen die Suchmaschinen liefern. Im Folgenden finden Sie einige Anregungen, welche Internetadressen was zu bieten haben. Natürlich finden Sie aber auch zu allen anderen Fragen gute Angebote im Netz, machen Sie sich auf die Suche.
  - Jobbörsen: Bei Jobbörsen wie www.monster.de oder www.jobscout24.de können Sie herausfinden, wie es um den Arbeitsmarkt in Ihrer Branche bestellt ist. Auch die Agentur für Arbeit erreichen Sie online unter www.arbeitsagentur.de.

- Kinderbetreuung: Welche Möglichkeiten es in diesem Bereich gibt, ist ebenfalls online zu erfahren, zum Beispiel unter www.tagesmuetter-bundesverband.de. Hier finden Sie Infos über Tagesmütter und andere Organisationen, die Kinderbetreuung anbieten wie www.leihopa.de oder www.kinderfreunde.de. Die International Au Pair Association stellt sich und ihr Angebot unter www.iapa.org vor.
- Teilzeitarbeit: Unter der Adresse www.vereinbarkeitslotse.de finden Sie Infos und Erfahrungsberichte zum Thema Teilzeitarbeitsmodelle. Das Bundesministerium für Wirtschaft bietet ebenfalls Informationen an: www.bmwa.bund.de.
- Beratung durch einen Coach: Auf der Seite www.coach-profile.de erfahren Sie, welcher Coach in Ihrer näheren Umgebung zu welcher Problematik berät. Deren Dienste kosten zwar mindestens 135 Euro pro Stunde, doch falls Sie mit Ihrer – wichtigen – Entscheidung nicht vorankommen, kann professionelle Beratung durchaus eine gute Option sein.
- Informationen der Stadt: Die Seite www.meinestadt.de hilft in mehrfacher Hinsicht. Hier erfahren Sie Adressen der Jugendämter, der Kitas in der Nähe und aller Unternehmen im Umkreis, bei denen Sie sich bewerben könnten.

→ ÄMTER UND ORGANISATIONEN VOR ORT: Im zweiten Schritt recherchieren Sie direkt vor Ort. In Ämtern erfahren Sie viel Wissenswertes vom aktuellen Mietspiegel bis hin zu den Gebühren für einen Kinderhort und die Betreuung durch eine Tagesmutter.

→ RECHERCHE IM UNTERNEHMEN: Brauchen Sie Informationen rund um Ihren Job, nutzen Sie auch die Möglichkeit, sich direkt in Ihrem Unternehmen zu informieren, etwa in einem Gespräch mit der Gleichstellungsbeauftragten oder einem Vertreter des Betriebsrats.

→ VERBÄNDE UND VEREINE: Berufsverbände, Interessenverbände oder auch Gruppen von Menschen mit gemeinsamen Hobbys, die sich zusammengeschlossen haben, sind gute Informationsquellen. Sie erfahren zum Beispiel von den Mitgliedern des Fördervereins einer Schule andere Aspekte als von der offiziellen Vertretung. In einem Berufsverband haben Sie die Möglichkeit, Ihre Fragen zu Branchenthemen beantwortet zu bekommen. Überregionale Verbände wie European Women's Management Development (EWMD), der Bundesverband der Frau im freien Beruf und Management e.V. (B.F.B.M.) oder das Netzwerk Business and Professional Women Germany e.V. (BPW) sind gute Netzwerke für Frauen.

→ ZEITUNGEN, FACHZEITSCHRIFTEN, FACHBÜCHER: Auch im Multimediazeitalter sind die klassischen Printmedien eine wichtige Informationsquelle. Zu jedem erdenklichen Thema gibt es Fachpublikationen, die Sie mit hilfreichen Tipps und Tricks unterstützen. Wenn Sie sich ganz in Ruhe mit einem Thema auseinander setzen wollen, helfen Ihnen Ratgeber und Fachbücher weiter. Zudem ist ein Buch bestens dazu geeignet, um immer mal wieder etwas nachzuschlagen und Ihr Gedächtnis aufzufrischen.

→ KOLLEGEN, FREUNDE UND BEKANNTE: Scheuen Sie sich nicht, andere Menschen um Rat oder eine Empfehlung zu bitten. Selbst wenn Ihre Gesprächspartner keine Antwort für Sie haben, wissen sie möglicherweise, wer Ihnen mit der entsprechenden Sachkenntnis am besten weiterhelfen kann.

Überprüfen Sie nach jeder Recherche, ob Sie befriedigende Antworten gefunden haben. Bleiben Fragen offen und sind diese mit geringem Aufwand zu bearbeiten, geht die Recherche in eine neue Runde. Ansonsten lohnt es sich nicht, noch mehr Zeit in das Sammeln von Informationen zu investieren. Sehen Sie es so: Auf manche Fragen gibt es einfach keine Antworten, die damit verbundenen Unsicherheiten machen das Restrisiko einer Entscheidung aus. Wenn Sie mit solchen Faktoren bewusst und offen umgehen, werden sie Ihnen keinerlei Probleme bereiten (→ Seite 48).

Erfahrungsbericht

Sandra beschafft sich Informationen

Sandra hat ihr Ziel definiert: Es geht nicht darum, sich zwischen Familie oder Beruf zu entscheiden, sondern darum, beides auch in Zukunft zu vereinbaren. Deshalb konzentriert sie ihre Anstrengungen darauf, einen Weg dorthin zu finden. Sie fühlt sich befreit: Endlich kann sie etwas tun und ihre Gedanken drehen sich nicht mehr im Kreis. Sie sammelt Informationen, priorisiert diese und entwickelt neue Optionen. Die Entscheidung ist noch völlig offen, aber mit der Definition des Ziels hat sie den ersten Schritt in Richtung Entscheidungsfindung getan.

Um sich die Arbeit zu erleichtern und den Überblick zu behalten, hat sie sich einen Entscheidungsplan erarbeitet. Systematisch recherchiert sie ein Detail nach dem anderen: Zuerst bewegt sie sich im Internet und nutzt die Angebote unter anderem bei Jobbörsen oder zur Kinderbetreuung. Sie sammelt Informationen über die Gegebenheiten in ihrer Stadt im Internet und besucht dann Ämter und Organisationen vor Ort, um genauer nachzufragen. Bei ihren Recherchen ergab sich ganz nebenbei, dass ein Au-pair für die Kinderbetreuung nicht in Frage kam. Sie scheute den bürokratischen Aufwand und wollte nicht immer eine andere Person im Haus haben. Die Entscheidung stand schnell fest, obwohl es sich um eine finanziell interessante Option handelte.

Um mehr über das Thema flexible Arbeitszeiten zu erfahren, vereinbarte sie Gespräche mit der Gleichstellungsbeauftragten und einer Betriebsrätin in ihrer Firma. Die Informationen über Teilzeitarbeitsmodelle verbesserten ihre Möglichkeiten, mit dem Vorgesetzten neue Bedingungen auszuhandeln. Am Ende hatte Sandra eine ausreichende Informationsbasis für ihre Entscheidung geschaffen.

Ihr persönliches Wissensnetzwerk

Jedem Menschen kann die eigene Situation den Blick auf Risiken und Nebenwirkungen von Entscheidungen verstellen. Daher lohnt es sich, die Meinungen von anderen Menschen anzuhören. Sie eröffnen sich damit die Möglichkeit, deren Kriterien gezielt daraufhin zu prüfen, ob sie auch für Sie eine Rolle spielen. Diese Vorgehensweise setzt allerdings voraus, dass Sie genug Zeit haben, um sich gründlich zu informieren und mit mehreren Personen Gespräche zu führen.

Bedenken Sie, dass jeder seine ganz eigene Sicht auf unterschiedliche Situationen und Fakten hat: Die Betreiber von Kernkraftwerken beurteilen deren Risiken anders als Umweltschützer. Wer arbeitslos ist, beurteilt das Problem der Arbeitslosigkeit anders als ein Mensch, der Arbeit hat. Ihr Chef beurteilt das neue Projekt anders als Sie. Erweitern Sie deshalb Ihren Blickwinkel und fragen Sie andere Menschen nach ihrer Meinung.

Bauen Sie Ihr eigenes Netzwerk auf und nutzen Sie es, um zu einer bestimmten Fragestellung Unterstützung zu bekommen. Gehen Sie so vor, wie nun beschrieben. Sie brauchen

- etwa 20 Personen aus Ihrem beruflichen oder privaten Umfeld, die gerne mitmachen und die Spielregeln kennen,
- Stift und Block und
- eine Fragestellung.

Beachten Sie die folgenden Spielregeln:

1. Wenn Sie anrufen, fragen Sie zuerst: »Hast du oder haben Sie 90 Sekunden Zeit?« Lautet die Antwort Ja, können Sie Ihre Frage stellen.
2. Der Mensch am anderen Ende darf ohne Unterbrechung 90 Sekunden sagen, was ihm zu Ihrer Frage einfällt.
3. Danach bedanken Sie sich, legen auf und rufen die nächste Person auf Ihrer Liste an. Im Schnitt bekommen Sie bei jedem Telefonat fünf bis sieben Ideen. Sie sehen, wenn Sie nur fünf Personen aus dem Netz-

werk erreichen, die ein wenig Zeit für Sie und Ihre Fragen haben, bringt Ihnen das schon 25 bis 35 neue Anregungen.

4. Schreiben Sie mit, notieren Sie auch die Ideen, die Ihnen beim Zuhören einfallen.
5. Um Ihren eigenen Ideenfluss dabei nicht zu unterbrechen, ist ein Smalltalk nicht erlaubt.
6. Wenn ein Netzwerkpartner wissen möchte, was aus seinen Ideen geworden ist, dann rufen Sie ihn nach dem Brainstorming und der Entscheidungsfindung an.
7. Wenn jemand keine 90 Sekunden Zeit für Sie hat, akzeptieren Sie dies einfach ohne weitere Diskussionen und verabschieden sich dann freundlich.

Diese Idee stammt von Vera Birkenbihl. Sie hat vielen Menschen zu interessanten Ansichten und Ideen verholfen. Probieren Sie es aus.

Wohl durchdacht: die besten Techniken

Sie haben nun einen Entscheidungsplan aufgestellt und sich alle nötigen Informationen beschafft. Damit verfügen Sie über eine gute Basis, um herauszufinden, welche Technik in Ihrer Situation die richtige ist.

Mit Muss-Kriterien zu mehr Sicherheit

Bei Entscheidungen lässt sich keine hundertprozentige Sicherheit erreichen. Das gilt auch, wenn es um die Kinderbetreuung geht. Ob zum Beispiel die ausgewählte Tagesmutter wirklich die richtige ist, lässt sich erst mit der Zeit feststellen. Im ersten Moment entscheiden darüber offensichtlich Faktoren wie Sympathie, räumliche Nähe, zeitliche Verfügbarkeit und die Ausstattung der Betreuungsstätte.

Selbstverständlich beeinflussen auch andere, weit schwieriger einzuschätzende Faktoren Ihre Entscheidung. Gehören Sie dem sicherheitsbewussten oder gewohnheitsliebenden Typ an, gefällt Ihnen die Vorstellung überhaupt nicht, auch nicht kalkulierbare Faktoren einbeziehen zu müssen. Doch das gehört zu einer Entscheidung dazu. Wenn Sie die Entscheidungsfalle, solche Aspekte unter den Tisch fallen zu lassen, umgehen wollen, nehmen Sie die Unwägbarkeiten genauer unter die Lupe. Formulieren Sie Muss-Kriterien und entscheiden Sie anschließend, wie viel Gewicht Sie diesen jeweils geben wollen. Bei der Auswahl der richtigen Tagesmutter könnte die Liste so aussehen: Sie muss

- eine pädagogische Ausbildung haben,
- mindestens fünf Jahre Erfahrung in der Kinderbetreuung vorweisen,
- den gleichen Erziehungsstil verfolgen wie ich,
- viel Platz bieten,
- die Kinder abholen und wieder heimbringen.

Nutzen Sie diese Kriterien als Grundlage für die Gespräche mit den Tagesmüttern, um sehr schnell einige der Bewerberinnen ausschließen zu können. Das heißt aber im schlechtesten Fall, dass Sie gar keine passende Person finden. Überprüfen Sie die einzelnen Muss-Kriterien dann noch einmal: Muss die Tagesmutter eine pädagogische Ausbildung haben oder reicht auch die fünfjährige Berufserfahrung aus? Und selbst wenn Sie sich von keinem Ihrer Muss-Kriterien trennen wollen, sind Sie Ihrer Entscheidung einen Schritt näher gekommen. Denn falls Sie keine Tagesmutter finden, die Ihre Ansprüche erfüllt, entfallen automatisch weitere Optionen der Kinderbetreuung. Das gilt zum Beispiel für ein Au-pair. Es bleiben Hort und Ganztagsschule übrig, insofern Sie auf das Bringen und Abholen verzichten und beim Erziehungsstil Abstriche machen. Ansonsten haben Sie nur noch eine Option: Sie bleiben zu Hause.

Wie Sie sehen, schließen Sie mit dieser Technik Schritt für Schritt Möglichkeiten aus und überprüfen gleichzeitig Ihre Werte und Normen. Sie eignet sich vor allem für schnelle Entscheidungen unter Zeitdruck. Mit den Muss-Kriterien verschaffen Sie sich einen guten Überblick über Ihre Ansprüche und können diese reflektieren. Sind Sie trotzdem noch unzufrieden? Ist Ihnen ein bestimmtes Muss-Kriterium enorm wichtig und Sie wollen nicht davon abrücken? Dann versuchen Sie, die Dinge zu relativieren.

Ihr Handlungsspielraum bestimmt das Risiko

»Que sera, sera, whatever will be, will be …« Dieser Song von Doris Day verdeutlicht eine einfache Lebensweisheit: Wir können uns unsere Zukunft vorstellen, wir können sie auch planen, aber es gibt keine Garantie, dass sich unsere Wünsche erfüllen. Wenn Sie zum Beispiel darüber nachdenken, wie sich Ihr Erziehungsstil langfristig auf Ihre Kinder auswirken wird, finden Sie keine Antwort. Sie können nur hoffen, dass Ihre Erziehung glückt. Sie tun Ihr Bestes, aber ob das auch für Ihr Kind gut ist, wird sich erst viel später zeigen – dieses Risiko müssen Sie eingehen.

Genau da liegt der Knackpunkt: Sie können nicht mit Sicherheit sagen, was geschehen wird, wenn Sie etwas verändern. Aber Sie wissen genauso wenig, welche Konsequenzen es haben wird, wenn alles so bleibt, wie es ist. Das passiert, wenn wir langfristige Folgen nur begrenzt oder gar nicht abschätzen können. Zum Glück gehen Menschen trotzdem Risiken ein. Wir würden heute immer noch auf Bäumen sitzen, wenn unsere Vorfahren nicht entschieden hätten, dass das Leben auf dem Boden mehr Chancen als Gefahren birgt. Ob wir mehr Chancen oder Risiken in einer Entscheidungssituation sehen, hängt von unserer Einstellung und der Darstellung der Situation ab.

Um Ihren Gefühlen nachzuspüren, stellen Sie sich beide Varianten vor, die veränderte Situation und diejenige, in der alles geblieben ist, wie es zuvor war. Nutzen Sie dazu die Technik des Visualisierens und Fokussierens (→ Seite 16ff.).

Müssen Sie schwierigere Entscheidungen treffen, nehmen Sie sich jeden einzelnen Unsicherheitsfaktor vor und fragen sich:

- Kann ich diesen Faktor beeinflussen?
- Kann ich die Folgen wirklich abschätzen?
- Kann ich durch mehr Informationen das Risiko minimieren?

Wenn Sie diese Fragen mit Nein beantworten, brauchen Sie keine Zeit mehr mit Überlegungen zu verbringen. Sie wissen genau, dass Sie vor einer Entscheidung mit Unsicherheiten stehen. Die nächste Frage lautet jetzt: Sind Sie bereit, das Risiko einzugehen? Eine Antwort darauf können nur Sie geben, da es bei Risiken keine Objektivität gibt. Wie Sie ein Risiko wahrnehmen, hängt von den folgenden drei Faktoren ab:

- Kenne ich die Gefahr?
- Kann ich das Risiko beeinflussen?
- Bin ich bereit, es einzugehen?

Indem Sie sich über diese Fragen Gedanken machen, definieren Sie Ihren Handlungsspielraum in einer bestimmten Situation und machen sich bewusst, wie groß das mit Ihrer Entscheidung verbundene Risiko ist. Denn nur wenn Sie sich über die Risiken klar sind, können Sie sich Maßnahmen überlegen, um ihnen entgegenzuwirken. Im Fall der Kinderbetreuung könnten Sie beispielsweise eine Probezeit mit der Tagesmutter vereinbaren und die Kinder vorsichtshalber im Hort anmelden.

> Manchmal muss man die Augen schließen, um klarer zu sehen.
>
> [Arabisches Sprichwort]

Erfahrungsbericht

Sandra macht Fortschritte

Sandras Entscheidungsprozess macht Fortschritte. Sie hat visualisiert, fokussiert und Muss-Kriterien formuliert. Nun ist sie sicher, dass sie gerne weiterarbeiten will. Also sucht sie nach einer Lösung, die für alle Beteiligten akzeptabel ist. Am besten für die Kinderbetreuung erscheint Sandra eine Tagesmutter, sofern sie ihre Arbeitszeit auf zwei volle und einen halben Tag komprimieren kann. Falls das nicht möglich ist, wäre der Hort eine Alternative.

Im nächsten Schritt verhandelt sie mit ihrem Vorgesetzten über die Arbeitszeitgestaltung. Mit ihren Forderungen auf ihn zuzugehen fällt ihr jetzt leicht, da sie für sich selbst Klarheit geschaffen hat. Und tatsächlich: Ihr Chef macht ihr ein Angebot, das ihren Arbeitszeitwünschen entgegenkommt. Allerdings muss sie dafür in eine andere Abteilung wechseln. Die neuen Aufgaben sind weniger anspruchsvoll, und sie bekommt weniger Gehalt. Dafür kann sie die Arbeitszeit auf zweieinhalb Tage verkürzen, wodurch sich sowohl die Fahrtzeit als auch die Fahrt- und Kinderbetreuungskosten verringern. Nun kristallisieren sich zwei Optionen für Sandra heraus. Die endgültige Entscheidung will sie gemeinsam mit ihrem Mann Harald treffen, sobald sie alle Möglichkeiten aufgelistet und gewichtet hat.

Entscheiden Sie souverän – auch unter Zeitdruck

Immer wieder wird es auch Situationen geben, in denen Sie nicht sehr viel Zeit für den Entscheidungsprozess haben. Auch wenn Sie sich darum bemühen, dem Zeitdruck vorzubeugen, indem Sie nach

A-, B- und C-Entscheidungen priorisieren, kommen manchmal verlockende Angebote oder bestehen Zeitvorgaben von außen. Behalten Sie auch dann den Überblick. Ein Paarvergleich hilft Ihnen, schnell zu entscheiden. Sammeln Sie zunächst Argumente, um sie dann zu gruppieren. Vergleichen Sie sie paarweise und streichen Sie jeweils die Option aus, die Ihnen weniger wichtig ist. Wiederholen Sie dieses Vorgehen, bis nur noch wenige Positionen übrig sind. Schon das Sammeln und Vergleichen von Argumenten allein verschafft Ihnen Klarheit, durch das Aussortieren erleichtern Sie sich zudem das spätere Gewichten der Argumente.

Stellen Sie sich vor, Sie wollen mit Ihrem Lebenspartner schon länger ins Grüne ziehen. Plötzlich bekommen Sie von einem Arbeitskollegen eine Wohnung angeboten, allerdings müssen Sie sich innerhalb von ein paar Tagen entscheiden. Welche Argumente für und gegen den Umzug kommen Ihnen spontan in den Sinn?

Neue Wohnung	Alte Wohnung
Schön ruhig	Laut
Schule nur mit Bus erreichbar	Schule gut erreichbar
Zwei Autos notwendig	Ein Auto reicht
Dort kennen wir keinen	Viele Freunde vor Ort
Kosten gering	Kosten hoch
Einkaufswege weit	Alle Läden zentral
Viel Platz	Wenig Wohnfläche
Garten	Nur Balkon
Gute Luft	Smog und Ozon gratis

Im zweiten Schritt werden die Argumente in Gruppen zusammengefasst:

- Gesundheit (Ruhe und gute Luft)
- Erreichbarkeit (Schule, Arbeit und Einkaufsmöglichkeiten)
- Soziale Kontakte (Freunde)

- Kosten (Wohnung und Fahrtkosten)
- Platz für alle (Quadratmeter der Wohnung und Garten)

Anschließend vergleichen Sie sie paarweise, indem Sie jeweils zwei beliebige Positionen gegenüberstellen, zum Beispiel:

- Gesundheit gegen Platz für alle.
- Die Gesundheit bleibt übrig.
- Gesundheit gegen Kosten.
- Die Kosten scheiden aus.
- Gesundheit gegen soziale Kontakte.

Nehmen wir an, dass Sie sich bei diesen Fragen nicht einigen können. Während Sie die Gesundheit bevorzugen, sind Ihrem Mann die sozialen Kontakte wichtiger. Auch die Gegenüberstellung von Gesundheit und Erreichbarkeit bringt keine Lösung. Trotzdem sind Sie beide einen guten Schritt weiter. Sie haben festgestellt, dass Kosten und Platz eine untergeordnete Rolle spielen.

Um nun endgültig einer Lösung näher zu kommen, eignet sich in diesem Fall eine Plus-Minus-Liste. Dabei gehen Sie so vor:

- Führen Sie die Argumente in Gruppen zusammengefasst auf.
- Ordnen Sie den Kriterien und Optionen ein Plus oder Minus zu.
- Überprüfen Sie, ob die Verteilung von Plus und Minus mit Ihren Wünschen und Gefühlen übereinstimmt.
- Wenn sich ungutes Gefühl einstellt, scheuen Sie sich nicht, die Liste zur Seite zu legen. Sie können auch genau das Gegenteil von dem tun, was Sie zuvor als richtig empfunden haben.
- Alles was zu einer für Sie richtigen Entscheidung führt, ist erlaubt.

	Neue Wohnung	Alte Wohnung
Gesundheit	+	–
Soziale Kontakte	–	+
Erreichbarkeit	–	+

In diesem Beispiel können sich die Beteiligten nicht auf eine gemeinsame Gewichtung der Kriterien einigen. Doch entpuppt sich dieses scheinbare Hindernis als wichtige Entscheidungshilfe: Da alle drei Kriterien bei einem gemeinsamen Entschluss berücksichtigt werden sollten, scheidet die angebotene Wohnung aus. Eine neue Wohnung, die bei allen drei Punkten gut abschneidet, wäre dagegen die richtige Wahl.

Beide Techniken – sowohl der Paarvergleich als auch die Plus-Minus-Liste – helfen Ihnen dabei, schnell und effektiv Ihre Entscheidungen zu treffen. Auf diese Weise verschaffen Sie sich mehr Klarheit, wie Ihre Wünsche und Ihre Bedürfnisse beschaffen sind.

TIPP

Wenn Sie unter Zeitdruck stehen

In Situationen, in denen Sie sehr schnelle Entscheidungen treffen müssen, helfen Ihnen die folgenden Tipps:

- → Delegieren Sie das Sammeln der Informationen an andere.
- → Schreiben Sie alle Alternativen auf. Schon durch das konkrete Formulieren entsteht mehr Klarheit.
- → Reduzieren Sie Alternativen auf die für Sie wesentlichen Punkte durch direkten Paarvergleich (→ Seite 51).
- → Definieren Sie Ihre Muss-Kriterien (→ Seite 46) und reduzieren Sie diese auf ein absolutes Minimum.
- → Fragen Sie nur die Menschen in Ihrem Umkreis um ihre Meinung, die Ihnen besonders wichtig sind.
- → Machen Sie Ihren Kopf frei und gönnen Sie sich etwas Gutes.
- → Sorgen Sie für Momente der Entspannung, zum Beispiel durch Sport, Meditation oder andere Methoden.

Die ganze Vielfalt der Entscheidungstechniken

Sie haben nun die ersten Techniken kennen gelernt, mit denen Sie Ihr Risiko minimieren oder aber schnell entscheiden können. Damit ist die Bandbreite jedoch noch nicht ausgeschöpft, es gibt mehr Methoden, die Ihnen Ihre Entscheidungen – ob klein oder groß – erleichtern.

Schnelle Alternative: die Vorteil-und-Nachteil-Liste

Wenn Sie sich einfach und schnell einen Überblick über zwei oder auch mehr Entscheidungsmöglichkeiten verschaffen wollen, wird Ihnen der Vergleich von Vor- und Nachteilen weiterhelfen. Listen Sie alle Optionen auf und bewerten Sie diese. Stellen Sie sich zum Beispiel vor, Sie wollen ein neues Auto anschaffen und haben zwei Angebote:

Modell A	Modell B
Sieben flexible Sitze	Fünfsitzer
Sicherer Transport vieler Kinder	Transport vieler Kinder unmöglich
Erdgasantrieb	Erdgasantrieb
Kein Schiebedach möglich	Schiebedach möglich
Weniger PS, geringerer Versicherungsbetrag	Mehr PS, höhere Versicherung
Viel Stauraum im Kofferraum	Viel Stauraum im Kofferraum
Gibt es nicht in Metallicblau	In Metallicblau lieferbar
Großer Fußraum auf allen Sitzen	Weniger Fußraum hinten
Mehr Fahrgeräusche	Wenig Fahrgeräusche
Handhabung beim Umbau der Sitze einfach und schnell	Handhabung beim Umbau der Sitze etwas umständlicher
Kinder sitzen hoch, wenig Übelkeit	Kinder sitzen tief, mehr Übelkeit
Acht Vorteile, drei Nachteile	*Fünf Vorteile, sechs Nachteile*

Die Auflistung und Bewertung der Kriterien spricht wegen der acht Vorteile für das Modell A. Sind Ihnen sämtliche Aspekte der Entscheidung gleich wichtig, bietet der Vergleich von Vor- und Nachteilen eine gute Entscheidungshilfe. Anders sieht es bei einer unterschiedlichen Gewichtung der Kriterien aus.

Wenn es komplexer wird: die gewichtete Matrix

Sie haben zwar alle Kriterien für Ihre Entscheidung definiert, aber sie sind nicht gleichwertig? Dann wenden Sie eine Entscheidungsmatrix mit gewichteten Kriterien an. Diese Technik verschafft Ihnen Klarheit über Ihre Prioritäten und unterstützt Sie bei der Bewertung einer für Sie noch unklaren Situation.

Bevor Sie loslegen, stellen Sie sich zunächst die Frage, welche Kriterien Sie in die Matrix eintragen wollen. Eine große Entscheidung, zum Beispiel ob Sie sich eine neue Arbeitsstelle suchen sollten, mit der sich Beruf und Familie besser vereinbaren lassen, besteht aus vielen kleinen Entschlüssen: Welches Arbeitszeitmodell wählen Sie? Wie wird die Kinderbetreuung geregelt? Nur wenn Sie Ihr Ziel klar vor Augen haben, können Sie sich auf das Wesentliche konzentrieren. Listen Sie daher zunächst alle Faktoren auf, die mit der Entscheidung verbunden sind:

- Kinderbetreuung: Au-pair: finanziell interessant, aber immer jemand im Haus, jedes Jahr neue Bezugsperson; Hort: finanziell möglich, verlässliche Zeiten, wenig Zeit mit den Kindern, auch in der Ferienzeit gute Betreuung; Tagesmutter: finanziell möglich, Betreuungszeiten flexibel, muss nicht jeden Tag sein, Ferienzeit schwierig; Oma/Opa oder Leihoma/Leihopa: sehr aufwändig in der Organisation, Betreuungszeit sehr begrenzt.
- Alte Stelle: gute Karrierechancen, viel Arbeit, schlechte Arbeitszeiten, lange Fahrtzeit, besseres Gehalt.

- Neue Stelle: schlechtere Karrierechancen, Aufgabe nicht so interessant, gute Arbeitszeiten, kürzere Fahrtzeit, niedrigeres Gehalt.
- Neue Stelle in anderem Unternehmen: möglich, aber nicht so schnell, Option bleibt immer offen.
- Arbeiten: wichtig für Zufriedenheit!
- Zu Hause bleiben: schlecht für mich, denn dann fällt mir die Decke auf den Kopf.

Faktoren, die nicht in Frage kommen oder sehr schlecht bewertet wurden, werden nun herausgenommen. In diesem Beispiel etwa fallen damit die Alternativen »zu Hause bleiben« und »neue Stelle in einem anderen Unternehmen« weg.

Die schnelle Vorauswahl kann sowohl vom Gefühl als auch vom Verstand geleitet sein. Berücksichtigen Sie dabei aber auf jeden Fall Ihre Ziele, Werte (→ Seite 11) und recherchierten Fakten (→ Seite 40), damit Sie interessante Alternativen nicht unüberlegt von Ihrer Liste streichen. Durch diese Bewertung reduzieren Sie die Möglichkeiten und können Ihre wichtigsten Beurteilungskriterien ableiten. Was ist Ihnen wichtig bei Ihrer Entscheidung: Das Gehalt? Die gute Kinderbetreuung? Oder eher interessante Aufgaben im Job? Nun können Sie mit der gewichteten Matrix Schritt für Schritt entscheiden, welche der Optionen die bessere Wahl bedeutet.

1. Zeichnen Sie eine Tabelle mit sechs Spalten. Tragen Sie die Beurteilungskriterien, die für Sie bei Ihrer Entscheidung eine wichtige Rolle spielen, in Spalte 1 ein.
2. Ordnen Sie den Kriterien einen Multiplikationsfaktor zu, der jeweils die Wichtigkeit darstellt, und tragen Sie ihn in Spalte 2 ein. Dieser wird in Prozent dargestellt und beschreibt den Anteil, den ein Kriterium an einer Entscheidung ausmacht. Der Gesamtwert in dieser Spalte muss 100 Prozent ergeben.
3. Schreiben Sie die Optionen, zwischen denen Sie sich entscheiden wollen, in Spalte 3 und Spalte 5. Decken Sie nun Spalte 2 ab und ord-

nen Sie jeder einzelnen Option Punkte auf einer Skala von 6 (das bedeutet sehr gut) bis 1 (für eine schlechte Wertung) zu.

4 Multiplizieren Sie nun die Punkte in den Spalten 3 und 5 mit dem Gewichtungsfaktor aus Spalte 2. Diese Werte tragen Sie dann in die Spalten 4 und 6 ein.

5 Die Werte aus den Spalten 4 und 6 addieren Sie anschließend und notieren die Summe in der letzten Zeile. Sie können das Ergebnis der Überlegung als Zahlenwert ablesen, der höhere Wert weist auf die bessere Option hin.

Bei unserem Beispiel – in dem es um die Wahl zwischen zwei Jobs und die Vereinbarkeit von Arbeit und Familie geht – könnte die gewichtete Matrix so aussehen wie in der unten abgebildeten Tabelle. Bei dieser Gewichtung der Beurteilungskriterien zeigt sich ganz eindeutig, dass die neue Arbeitsstelle in der beschriebenen Situation auf jeden Fall die bessere Alternative wäre.

Beurteilungskriterien	Multiplikationsfaktor	Punkte »jetziger Job«	Ergebnis »jetziger Job«	Punkte »neuer Job«	Ergebnis »neuer Job«
Spaß an der Aufgabe	15 %	5	0,75	3	0,45
Gehalt	10 %	3	0,3	2	0,2
Arbeitszeit	15 %	2	0,3	6	0,9
Zeit für die Kinder	25 %	2	0,5	4	1,0
Gute Kinderbetreuung	30 %	4	1,2	5	1,5
Wenig Zeitaufwand für Anfahrt	5 %	1	0,05	5	0,25
Summe	*100 %*		*3,1*		*4,3*

2

Zwar wirkt das Ergebnis dieser Technik objektiv, da Zahlenwerte herauskommen, doch Sie bestimmen die Gewichtung und die Punktezahl für die Optionen ganz subjektiv. Daher gilt: Sagen die Zahlen etwas anderes als Ihr Gefühl, ist es sehr wahrscheinlich, dass Sie sich beim Gewichten oder beim Punkten etwas vorgemacht haben.

Selbstverständlich können Sie dann nach Ihrem Gefühl entscheiden – und sind einen großen Schritt weitergekommen: Sie haben sich bewusst vor Augen geführt, welche Kriterien Ihnen wie wichtig sind. So lichtet sich das Gefühlschaos und Sie sammeln Argumente, die Ihnen helfen, eine Entscheidung vor sich selbst und nach außen hin zu vertreten. Betrachten Sie dieses Ergebnis wie den Rat eines guten Freundes. Sie

» Manch einer verdankt seinen Erfolg den Ratschlägen, die er nicht befolgte. «

[Bertrand Russell | *Walisischer Mathematiker und Philosoph*]

können ihn annehmen, ihm nachspüren oder ihn auch einfach als eine Möglichkeit, die Ihnen offen steht, verstehen.

Unabhängig davon, wie Ihre Entscheidung letztendlich ausfällt: Wichtig ist, dass Sie zum Ergebnis stehen können und gute Argumente haben, um Ihre Position zu vertreten und durchzusetzen. Denn nur dann wird es Ihnen gelingen, Ihren Entschluss in die Realität umzusetzen und die Mitmenschen, die Ihnen bei Ihrem Vorhaben helfen, zu motivieren und zu überzeugen.

Sie arbeiten nicht gerne mit Listen? Dann können Sie eine solche Sammlung und Grobbewertung von Kriterien auch in Form einer Mind Map (→ Seite 84) darstellen und bearbeiten.

Erfahrungsbericht

Sandra arbeitet mit der gewichteten Matrix

Sandras Entscheidung ist so komplex, dass sie sich nicht durch ein Auflisten der Vor- und Nachteile erarbeiten lässt. Für sie haben die Kriterien, die ihr wichtig sind, unterschiedliche Prioritäten. Deshalb will sie die gewichtete Matrix einsetzen. Zuerst schreibt sie alle Optionen auf, die mit ihrer Entscheidung verbunden sind (→ Seite 55ff.*). Sie listet die Varianten der Kinderbetreuung und ihre beruflichen Möglichkeiten auf und bewertet diese. In die Matrix nimmt sie dann die für sie wichtigsten Kriterien »Spaß an der Aufgabe«, »Gehalt«, »Arbeitszeit«, »Zeit für die Kinder«, »Gute Kinderbetreuung« und »Wenig Zeitaufwand für Anfahrt« auf.*

Nachdem sie die Gewichtungen festgelegt und Punkte verteilt hat, rechnet sie die Werte für die zwei Alternativen aus. Das führt zu einer Entscheidung für die neue Abteilung, weil sie den Kriterien »Zeit für die Kinder«, »Gute Kinderbetreuung« und »Arbeitszeit« mehr Gewicht gegeben hat als den Faktoren »Gehalt« und »Spaß an der Aufgabe«. Die Zahlen bestätigen sie in ihrem Gefühl, dass die Nachteile, die mit dem Abteilungswechsel verbunden sind, durch die Vorteile ausgeglichen werden. So kann sie ihrem Chef eine klare Rückmeldung geben.

Sandra braucht sich nicht mehr vor ihren Freunden wegen des Stellenwechsels zu rechtfertigen. Sie kann dazu stehen, dass ihr die Zeit mit den Kindern wichtiger ist als Geld oder Karriere. Hätte sie anders gewichtet, wäre sie vielleicht in der jetzigen Abteilung geblieben. Dann könnte ihre Argumentation so aussehen: Geld und Karriere sind für sie und ihre Zufriedenheit wichtig, die Kinder im Hort gut betreut. Die ganze Familie kann von dem höheren Einkommen und einer zufriedenen Mutter profitieren. Ihre Argumentation wäre eine andere, aber genauso eindeutig.

Mit Checklisten entscheiden

Als weitere Technik steht Ihnen das Arbeiten mit Checklisten offen. Diese Methode hat den Vorteil, dass Sie wiederkehrende Abläufe nicht stets auf Neue durchdenken müssen. Sie erarbeiten sich einen Leitfaden, der Ihnen eine Struktur vorgibt und den Sie immer wieder nutzen können. Ob es sich um das Kofferpacken für den Urlaub, die Einarbeitung von Azubis, die jährlich anstehende Steuererklärung oder den Kindergeburtstag handelt, mit sinnvollen Listen erleichtern Sie sich die Arbeit.

Setzen Sie daher Checklisten auch bei Ihren Entscheidungen ein, um in ähnlichen Situationen nicht immer wieder von vorne anfangen zu müssen. Und: Profitieren Sie davon, dass Sie mit dieser Vorgehensweise Ihre persönlichen Entscheidungsfallen umgehen. Überlegen Sie erst einmal, welche Entscheidungen Sie im Alltag beruflich oder privat immer wieder treffen müssen, die sich ähneln. Vielleicht bekommen Sie privat häufiger Anrufe mit dem Angebot, sich über Versicherungsfragen beraten zu lassen? Im Berufsleben steht zum Beispiel die Entscheidung, welche Mitglieder Ihres Teams wann in Urlaub gehen, jedes Jahr auf Neue an.

Führen Sie sich vor Augen, wie Sie sich in solchen Situationen verhalten, und schreiben Sie auf, wie Sie bisher zu einer Entscheidung gekommen sind. Dann leiten Sie daraus Aspekte ab, die für eine Entscheidung relevant sind. Wenn Sie beispielsweise telefonische Versicherungs- und Finanzangebote nicht prinzipiell ablehnen, lohnt sich diese Arbeit. Denn so werden Sie in Zukunft schneller überprüfen können, ob Sie ein solches Gespräch überhaupt führen wollen oder nicht. Eine Checkliste dazu könnte folgendermaßen aussehen:

1. Schreiben Sie zunächst Ihre Erfahrungen in dieser Situation auf.
   - → Fühle mich jedes Mal überrumpelt.
   - → Je nach Stimmung und Zeit sage ich Ja oder Nein.

- Das letzte vereinbarte Gespräch mit einem Versicherungsberater war unangenehm und bedeutete verschwendete Zeit, da er mir etwas aufschwatzen wollte, was ich nicht brauche.
- Ich bin mir in dieser Situation nicht sicher, ob ich noch Bedarf an Versicherungen habe.
- Vielleicht verpasse ich ja ein gutes und sinnvolles Angebot. Wer spart nicht gerne Geld?

2 Erkennen Sie Ihre Entscheidungsfallen in diesem Prozess. Schreiben Sie sie auf.

- Ich handle nach Lust und Laune.
- Das Gefühl, etwas zu verpassen, lässt mich vorschnell Ja sagen.
- Ich kenne meinen Bedarf nicht.
- In der Situation bin ich genervt und verschwende meine Zeit und die des Beraters.

3 Steuern Sie gegen und legen Sie fest, was Sie für eine klare Entscheidung brauchen.

- Um in Zukunft gezielt Ja oder Nein sagen zu können, brauche ich einen Überblick über meine Versicherungen und Geldanlagen. Dazu führe ich ein Gespräch mit meinem Versicherungsberater, mit dem ich schon gute Erfahrungen gemacht habe.

4 Erstellen Sie anhand der Gesprächsergebnisse eine Kriterienliste, um während des Gesprächs erkennen zu können, ob ein Angebot für Sie überhaupt interessant ist oder nicht.

5 Entwickeln Sie dazu Ihre persönliche Checkliste.

- Habe ich im Moment Bedarf? Wenn ja, in welchem Bereich?
- Lässt mein Gesprächspartner am Telefon Rückfragen zu oder sagt er nur die üblichen Sprüche auf?
- Will er vertrauliche Daten abfragen?
- Ist der Berater bereit, mit mir schon telefonisch über ein auf mich zugeschnittenes Angebot zu sprechen?
- Will ich mir die Zeit dafür nehmen?

Mit so einer Checkliste reagieren Sie am Telefon überlegt und souverän. Sie können nun derartigen Anrufen gelassen entgegenblicken. Schließlich haben Sie einen Leitfaden entwickelt, mit dem sich einfach überprüfen lässt, ob Sie solche Gespräche führen wollen oder nicht.

Selbstverständlich können Sie die Entscheidungstechnik Checkliste auch für kompliziertere Entscheidungsprozesse nutzen. Nehmen Sie sich dann für die Vorüberlegungen Zeit, damit sich Ihre Checkliste auch wirklich sinnvoll einsetzen lässt.

Schnelle Auswahl mit dem K.-o.-System

Haben Sie schon einmal darüber nachgedacht, wie man am besten mit Entscheidungen umgeht, bei denen es eine scheinbar unendliche Anzahl an Argumenten gibt? Wer die Wahl hat, hat die Qual – da kann es lange dauern, bis eine Entscheidung steht. Machen Sie Schluss damit und wählen Sie mit dem K.-o.-System schnell und zielsicher aus.

Mit dieser Technik verringern Sie effektiv die Menge der Optionen, wenn Sie vor einer unüberschaubaren Anzahl von Alternativen stehen. Sie hilft Ihnen dabei, A-Entscheidungen zu treffen, also solche, die wichtig und dringlich sind. Der Trick beim K.-o.-System ist zu wissen, was Sie nicht wollen, und die entsprechenden Kriterien zu priorisieren. Wenn Sie zum Beispiel eine Haushaltshilfe suchen und Anhaltspunkte brauchen, um Bewerberinnen auszuwählen, definieren Sie im ersten Schritt negative Auswahlkriterien. Anders als bei den Muss-Kriterien bestimmen Sie hier, was nicht sein darf.

1. Ihre Haushaltshilfe darf nicht mehr als zehn Euro pro Stunde verlangen, mehr wollen Sie nicht ausgeben.
2. Sie darf nicht unter 25 Jahre alt sein, weil sie sonst Ihrer Meinung nach zu wenig Erfahrung mitbringt.
3. Sie darf nicht stehlen, das muss nicht begründet werden.
4. Sie darf Ihnen nicht unsympathisch sein, weil Sie unter Umständen zu Hause sind, wenn sie da ist.

5. Sie darf nicht geschwätzig sein, denn das kostet zu viel Zeit, Nerven und natürlich Geld.
6. Sie darf nicht nur gebrochenes Deutsch reden, weil Sie nicht alles fünfmal erklären wollen.
7. Sie darf nicht nur oberflächlich putzen, denn Sie legen besonderen Wert auf Gründlichkeit.
8. Sie darf nicht langsam sein, denn dann wird ihre Arbeit zu teuer.
9. Sie darf nicht zu weit weg wohnen, weil Sie sonst auch noch Fahrtkosten zahlen müssen.

Mit dieser K.-o.-Liste suchen Sie vielleicht die Stecknadel im Heuhaufen oder eine seltene Perle, die nur mit viel Glück in Ihrer Nähe zu finden ist. Deshalb lohnt es sich, die K.-o.-Kriterien nach ihrer Wichtigkeit zu sortieren, zum Beispiel so:

1. Ihre Haushaltshilfe darf nicht stehlen.
2. Sie darf nicht mehr als zehn Euro die Stunde verlangen.
3. Sie darf nicht zu weit weg wohnen.
4. Sie darf Ihnen nicht unsympathisch sein.
5. Sie darf nicht geschwätzig sein.
6. Sie darf nicht oberflächlich putzen.
7. Sie darf nicht langsam sein.
8. Sie darf nicht nur gebrochenes Deutsch reden.
9. Sie darf nicht unter 25 Jahre alt sein.

Im nächsten Schritt denken Sie darüber nach, inwiefern sich diese Kriterien überhaupt kontrollieren lassen. Sie können zum Beispiel vorab nicht feststellen, ob Ihre zukünftige Haushaltshilfe stiehlt, sondern nur auf die Zeugnisse oder Empfehlungen vertrauen. Damit fällt der erste Punkt weg, da eine konkrete Überprüfung unmöglich ist.

Das nächste Kriterium, zehn Euro die Stunde, ist ein hartes und gehört deshalb ganz oben auf Ihre Liste. Ob eine Bewerberin in Ihrer Nähe wohnt, lässt sich ebenfalls überprüfen. Das gilt auch für die Sympathie. Sie ist zwar subjektiv, aber im ersten Gespräch wahrnehmbar.

Die anderen Eigenschaften wie Gründlichkeit, Schnelligkeit und nicht zu starker Redefluss können Sie nur bewerten, indem die Bewerberin einmal zur Probe arbeitet. Doch das zählt auch nur bedingt, denn wenn jemand eine Arbeitsstelle will, wird die Motivation im Test hoch sein. Ob es sich um eine konstante Leistung handelt, wird sich erst im Alltag zeigen. Der Aufwand, diese Kriterien zu überprüfen, wäre zu hoch, deshalb werden sie zu nachrangigen Auswahlkriterien oder ganz von der Liste gestrichen.

Sie stellen fest, dass Ihnen Alter und Deutschkenntnisse weniger wichtig sind, denn wenn die anderen Kriterien stimmen, müssen Ihre Vorstellungen dabei nicht hundertprozentig erfüllt sein. Bei Ihren Überlegungen bemerken Sie außerdem, dass das K.-o.-Kriterium Alter wohl eher auf einem Vorurteil als auf wirklich empirisch nachweisbaren Daten beruht. Wäre Ihnen diese Eigenschaft sehr wichtig, würde sie ganz oben in der Liste stehen. Allgemeine Kriterien wie eben das Alter hätten dann ihren Platz vor spezielleren Aspekten wie etwa Schnelligkeit oder Zuverlässigkeit.

Die endgültige Rangfolge der reduzierten Auswahlkriterien sieht also folgendermaßen aus:

1. Sie darf nicht mehr als zehn Euro die Stunde verlangen.
2. Sie darf nicht zu weit weg wohnen.
3. Sie darf Ihnen nicht unsympathisch sein.
4. Sie darf nicht geschwätzig sein.

Das K.-o.-System bietet sich sowohl bei kleinen als auch bei großen Entscheidungen an, wenn die Anzahl der Alternativen groß ist. Ob Sie nun ein neues Auto suchen, den Stromanbieter wechseln wollen oder die Krankenversicherung, mit dieser Technik lassen sich die Alternativen auf ein überschaubares Maß verringern. Wenn Sie möchten, können Sie Ihre Anforderungen auch positiv als Muss-Kriterien (→ Seite 46) formulieren. Doch sicher haben Sie auch schon festgestellt, dass es oft leichter fällt zu formulieren, was man nicht will.

Buridans Esel: Nehmen Sie den Zufall zu Hilfe!

Kennen Sie die Geschichte von dem Esel, neben dem links und rechts zwei gleich große Heuhaufen liegen und der sich nicht entscheiden kann, welchen er fressen soll – bis er schließlich verhungert? Damit Sie am Ende doch zu einem Entschluss kommen, wenn sich in einer Situation zwei gleichwertige Optionen bieten, lassen Sie doch einfach den Zufall entscheiden.

Aus der Spieltheorie ist zum Beispiel bekannt, dass eine Entscheidung, die ausgewürfelt wurde, oft zur vernünftigsten Lösung führt. Die meisten Menschen sträuben sich dagegen, ihre Entscheidungen dem Zufall zu überlassen. Aber auf diese Weise werden ihnen die Gefühle, die mit den Lösungsalternativen verbunden sind, bewusst.

Angenommen, Sie können sich zwischen Option A und Option B nicht entscheiden, da es für beide gute Gründe gibt. Welche Lösung tatsächlich die bessere ist, werden Sie nur im Nachhinein erkennen. Also werfen Sie eine Münze. Zeigt der Kopf nach oben, wählen Sie A, liegt die Zahl oben, entscheiden Sie sich für B.

Der Vorteil bei dieser Technik besteht darin, dass Sie immer noch die Wahl haben. Sie können der Entscheidung der Münze folgen, wenn nichts dagegen spricht. Aber Sie haben auch die Chance, sich anders zu entscheiden, als es die Münze vorgibt. Das empfiehlt sich dann, wenn Sie spüren, dass die vorgeschlagene Lösung überhaupt nicht das ist, was Sie wollten. Sie können Ihre wahren Motive nun deutlicher sehen. Diese Technik ist einfach und sehr effektiv, vor allem wenn es darum geht, kleinere, dringliche C-Entscheidungen schnell treffen zu müssen.

Für Entscheidungen in der Familie gibt es zum Beispiel einen Würfel mit »Ich«-, »Du«- und »Wir«-Feldern. Er trifft die Entscheidungen, wenn sich die Familienmitglieder nicht einigen können, ob jeder etwas alleine oder alle etwas zusammen machen oder wer was erledigen soll. Stellen Sie zum Beispiel die Frage: »Wer bügelt heute die Wäsche?«

TIPP

Blanko-Würfel

→ Diese Art von Entscheidungen lassen sich auch prima mit einem Blanko-Würfel treffen. Sie können einen solchen Würfel im Spielwarenhandel kaufen und je nach Fragestellung immer wieder mit neuen Antworten beschriften.

Dann wird gewürfelt, und die Antwort lautet »Ich« oder »Du« oder »Wir«. Genauso können Sie vorgehen, wenn es um die Frage geht: »Wer darf heute das Fernsehprogramm bestimmen?« Sie werden sofort merken, ob Sie mit der Antwort des Würfels klarkommen. Falls nicht, geht die Familie in eine neue Verhandlungsrunde – mit dem Wissen, was Sie in der aktuellen Situation definitiv nicht wollen.

Worst-Case-Szenario: Gefahr erkannt, Gefahr gebannt

Bei Entscheidungen, die mit vielen und hohen Risiken verbunden sind, hilft Ihnen das Worst-Case-Szenario. Mit dieser Technik verschaffen Sie sich einen besseren Überblick und können Gefahren verringern. Sie eignet sich für wichtige terminierte B-Entscheidungen, da ein hoher Zeitaufwand erforderlich ist, um diese Methode sinnvoll nutzen zu können.

Sicher kennen Sie Worst-Case-Szenarien aus unzähligen Filmen. Nicht nur, dass ein Sturm tobt und der Staudamm zu brechen droht, nein, außerdem kommen üble Gauner, Intrigen, Vertuschungen, Inkompetenz und Machtgerangel in der Geschichte vor. Zu allem Überfluss ist dann noch die Familie des Helden nach einer Autopanne in Gefahr. Und auch in Ihrer eigenen Vorstellung malen Sie sich sicherlich hin und wieder erschreckende Szenarien aus. Sie stellen sich in allen Einzelheiten vor, was Ihnen in einer bestimmten Situation wohl Schlimmes passieren könnte.

Kaum zu glauben, dass dies als Entscheidungstechnik funktionieren soll. Geht man immer vom Schlimmsten aus, liegt doch der Schluss nahe, lieber gar nichts zu unternehmen. Doch die Stärke dieser Technik ist das Prinzip: Gefahr erkannt, Gefahr gebannt. Um diesen Vorteil nutzen zu können, ist es nötig, dass Sie die Risiken einer Entscheidung strukturiert ergründen, um sie anschließend zu verringern. Erst wenn Sie die Gefahren erkannt haben, können Sie auch geeignete Gegenmaßnahmen ergreifen. Darüber hinaus hilft Ihnen diese Technik dabei, leichtfertige Entscheidungen im Nachhinein zu überdenken und zukünftig verantwortungsbewusster zu handeln. Und so gehen Sie vor, wenn Sie diese Technik nutzen wollen:

1. Schreiben Sie alles auf, was aufgrund Ihrer Entscheidung passieren könnte. Schwarzsehen ist natürlich erlaubt.
2. Wenn Sie damit fertig sind, stellen Sie sich noch schlimmere Möglichkeiten, noch schlimmere Konsequenzen, noch mehr Dinge, die schief laufen könnten, noch mehr Risiken vor. Lassen Sie Ihrer Fantasie freien Lauf, übertreiben Sie – auch völlig Unwahrscheinliches darf gedacht und notiert werden.
3. Um aus der Schwarzseherei auch tatsächlich Lösungen zu entwickeln, beschäftigen Sie sich anschließend mit Gegenmaßnahmen. Finden Sie heraus, was Sie tun können, um jede einzelne Konsequenz abzuschwächen oder sie möglicherweise sogar zu verhindern. Fragen Sie sich: Welche Maßnahmen kann ich ergreifen, um die schlimmsten Auswirkungen abzumildern?
4. Anschließend befassen Sie sich mit dem Zeitfaktor. Fragen Sie sich: Wann muss ich welche Gegenmaßnahme einleiten, damit sie auch tatsächlich greift?
5. Ergänzen Sie Ihre bisherigen Überlegungen durch eine erneute Einschätzung der Konsequenzen, die Ihre Entscheidung nach sich ziehen wird. Fragen Sie sich: Welche Folgen haben meine Gegenmaßnahmen und kann ich sie akzeptieren?

Sicher wird es auch Ihnen so gehen: Während Sie das Schwarzsehen als eher einfach empfinden und schnell erledigen können, ist es ungleich schwieriger und zeitaufwändiger, Gegenmaßnahmen zu entwickeln und deren Folgen abzuschätzen. Doch es lohnt sich. Wenn Sie tatsächlich Risiken verringern möchten, dann nehmen Sie sich Zeit. Sie können auch andere Personen in die Diskussion einbeziehen. Das erweitert Ihren Horizont, und die Knobelarbeit macht mehr Spaß.

Beachten Sie aber, dass Sie es unter Umständen mit den folgenden Fallen zu tun haben werden, falls Sie diese Technik anwenden. Machen Sie sich diese bewusst, damit Sie sie sicher umgehen können.

- Für eine schnelle Entscheidungsfindung ist das Worst-Case-Szenario nicht geeignet. Wenn Sie sich nicht genug Zeit nehmen, um geeignete Gegenmaßnahmen zu erarbeiten, führt es zu mehr Angst statt zu Lösungen. Dieses Gefühl hindert Sie dann daran, gute und sinnvolle Entscheidungen zu treffen.
- Da Sie meinen, dass Sie sich den schlimmsten Fall schon vorgestellt haben, kann es sein, dass Sie eine scheinbare Sicherheit verspüren. Denken Sie aber daran, dass das Ergebnis dieser Technik keinesfalls ein Rundum-sorglos-Paket sein kann, obwohl Sie viele Eventualitäten gedanklich durchgespielt haben. Zum einen kommt es manchmal anders, als man denkt, und zum anderen können sich Menschen das Schlimmste oft gar nicht vorstellen, da es ihr Vorstellungsvermögen noch um einiges übersteigt. Achten Sie daher darauf, den Bezug zur Realität wiederherzustellen.

Atmen Sie an dieser Stelle einmal tief durch. Wie geht es Ihnen jetzt? Haben Sie eine oder mehrere Techniken gefunden, die Ihnen gefallen und die Sie gerne öfter einsetzen möchten?

Einige der hier vorgestellten Methoden sind vor allem dazu geeignet, schnelle Entscheidungen zu treffen, andere wiederum erfordern mehr Zeit und Aufwand. Welche jeweils am sinnvollsten anzuwenden ist, können Sie bei den einzelnen Techniken nachlesen. Profitieren werden Sie von allen, denn Sie lernen Ihre aktuelle Situation besser zu durchschauen, nachvollziehbare Argumente für Ihre Entscheidung zu finden und sich die Folgen klar zu machen.

Gut für Gruppen: gemeinsam entscheiden

Sie wissen nun, wie Sie vorgehen, wenn Sie allein oder zu zweit eine Entscheidung treffen wollen. Doch wenn es darum geht, dass in einem Team oder einer mehrköpfigen Familie alle zufrieden sein sollen, wird der Entscheidungsprozess deutlich komplizierter. Die Wünsche, Bedürfnisse und Interessen aller Mitglieder zu berücksichtigen, das scheint oft aussichtslos zu sein. Konsens, also die Übereinstimmung der Beteiligten, ist bei Gruppenentscheidungen der Weg, um alle in ein Boot zu holen. Doch wie lässt sich das erreichen? Verzichten Sie in Zukunft auf unbefriedigende Gruppenentscheidungen, setzen Sie stattdessen lieber auf effektive Konsensentscheidungen.

2

Wünsche sammeln mit der einfachen Matrix

Die Urlaubsplanung ist eine klare B-Entscheidung, die in aller Ruhe getroffen werden kann.

Stellen Sie sich vor, Ihre Familie bestünde aus Ihnen, Ihrem Mann und zwei Söhnen im Alter von zehn und 15 Jahren. Der 15 Jahre alte Sohn unternimmt mit seinem Vater gerne Mountainbiketouren und möchte abends mit Gleichaltrigen um die Häuser ziehen. Der Familienvater joggt und macht lange Radtouren. Der zehnjährige Sohn spielt immer noch gerne am Strand und liebt Wasser. Sie dagegen vertragen keine Sonne und bevorzugen schattige Liegestuhlplätze, um dort dicke Romane zu lesen. Unter diesen Umständen wird die Urlaubsplanung immer wieder zu einer Herausforderung. Nehmen wir außerdem an, dass Sie ein sicherheitsbewusster Entscheidungstyp sind und die Planung des Urlaubs übernehmen, damit er auch wirklich schön für alle wird. Wie gehen Sie am besten vor? Im ersten Schritt werden die Wünsche für den Urlaub notiert und in eine einfache Matrix, eine Tabelle mit mehreren Spalten und Zeilen, eingetragen.

Wünsche				
viel Wasser				
Viele Kinder und Jugendliche				
Berge				
Schatten				
Ruhe				
Essen gehen				
Discos				
Kosten bis 2.200 Euro				
Warm, keine Hitze				

Im zweiten Schritt definieren Sie allgemeine Kriterien, die das Urlaubsziel erfüllen soll: Es sollte mit dem Auto in möglichst nicht mehr als acht Stunden erreichbar sein. Als Unterkunft wäre ein kleines Hotel oder ein Bungalow schön.

Nun geht es darum, die Urlaubsländer daraufhin zu überprüfen, welche Ziele in Frage kommen. Manche Kriterien wie »keine Hitze« oder »Berge« lassen sich auf den ersten Blick beurteilen und die Länder danach aussortieren, während Sie andere erst in der zweiten Auswahlrunde bewerten können. So setzen die Kriterien »Mit dem Auto erreichbar« und »Möglichst nicht mehr als acht Stunden Fahrt« konkrete Grenzen. Das Kriterium »Warm, aber nicht zu heiß« ebenfalls. Spanien oder Griechenland scheiden damit aus. Berge finden sich nicht in Holland, und ein Urlaub in der Schweiz ist zu teuer. So kristallisieren sich am Ende heraus: Norditalien, Österreich, Ungarn und Bulgarien.

Welches Kriterium ist am wichtigsten?

Diese Länder tragen Sie ein, um ihnen – abhängig von den konkreten Angeboten im Prospekt – ein Plus oder ein Minus zuzuordnen.

Wünsche	Norditalien	Österreich	Ungarn	Bulgarien
viel Wasser	+	–	+	+
Viele Kinder und Jugendliche	+	+	+	+
Berge	+	+	+	+
Schatten	+	+	+	+
Ruhe	–	+	–	–
Essen gehen	–	–	+	+
Discos	+	–	+	+
Kosten bis 2.200 Euro	–	–	+	+
Warm, keine Hitze	+	+	–	–

Österreich scheidet mit den meisten Minuspunkten aus. Die Fahrt nach Ungarn oder Bulgarien überschreitet die längste Fahrtzeit von acht Stunden. Allerdings sind die Kosten für den Urlaub in beiden Ländern relativ gering, so dass die Familie länger dort bleiben könnte. Der Gardasee ist bezüglich der Fahrtzeit ein attraktiveres Reiseziel, dort wäre es allerdings auch teurer. So bleiben als Ziele Gardasee, Ungarn oder Bulgarien übrig. Wie Sie sehen, tasten Sie sich Schritt für Schritt an eine Entscheidung heran. Drei Alternativen haben Sie noch, für die Sie nun eine weitere Plus-Minus-Liste erstellen und neue Kriterien für die Beurteilung eintragen. Diese hängen davon ab, was allen Beteiligten über die Wünsche in der ersten Matrix hinaus wichtig ist. Das könnte beispielsweise die Anreise sein oder ob der Urlaubsort schon von Freunden oder Bekannten empfohlen worden ist.

	Ungarn	Bulgarien	Italien
Langer Urlaub	+	+	–
Kurze Anreise	–	–	+
Neues entdecken	+	+	–
Sprache vertraut	–	–	+
Empfehlungen anderer	+	–	+

Nach dieser Bewertung scheidet Bulgarien aus, Ungarn und Italien bleiben übrig. Sie und Ihre Familie können jetzt mit einem Paarvergleich herausfinden, welches Kriterium Ihnen allen wichtiger ist, um der Entscheidung einen weiteren Schritt näher zu kommen. Ihre Liste könnte so aussehen:

Langer Urlaub – Kurzer Urlaub
Lange Anreise – Kurze Anreise
Vertrautes – Neues

Sie und Ihre Familie sind sich einig: Der lange Urlaub gewinnt. Auch beim Paarvergleich »Vertrautes oder Neues« sind alle einer Meinung, das Vertraute ist weniger wichtig. Nur beim Punkt Anreise gibt es keine Einigkeit. Da aber die Optionen langer Urlaub, Neues und kurze Anreise nicht vereinbar sind, müssen Sie nun entscheiden, welcher dieser Punkte die höchste Priorität hat. Für Ihre Kinder ist das der lange Urlaub, für Sie und Ihren Mann spielt hingegen die kurze Anreise eine größere Rolle.

Plötzlich stehen sich die Familienmitglieder als Verlierer und Gewinner gegenüber. Wer wird sich durchsetzen, die Kinder oder Sie und Ihr Mann? Die Machtverteilung ist klar, doch ist es ein Vorteil, wenn die Erwachsenen einfach über die Köpfe der Kinder hinweg bestimmen? Sie sehen sich schon viereinhalb Ferienwochen zu Hause mit gelangweilten und nörgelnden Kindern verbringen, während Ihr Mann an seinen Arbeitsplatz in die Firma flüchtet.

Daraufhin fällt die Entscheidung für die lange Anreise mit einer Zwischenübernachtung und etwas Sightseeing unterwegs. Das Sightseeing ist Ihren Kindern zwar lästig, aber sie wissen, dass dies der Punkt ist, an dem sie einlenken müssen. Schlussendlich gehen Sie und Ihre Familie das Risiko ein, etwas Neues auszuprobieren, damit jeder Einzelne von Ihnen die Chance hat, dass sich seine Wünsche erfüllen. Sie haben eine echte Konsensentscheidung getroffen.

In drei Schritten zur Konsensentscheidung

Am Beispiel der Urlaubsplanung haben Sie einen Entscheidungsprozess von Anfang bis zum Ende, dem Konsens, verfolgt. Allgemein formuliert verläuft der Weg dahin in drei Schritten:

1. Der erste Schritt hin zu einer Gruppenentscheidung besteht darin, die Wünsche, Bedürfnisse und Meinungen aller Beteiligten schriftlich festzuhalten.
2. Im zweiten Schritt wird ein Kompass entwickelt. Das bedeutet, dass von allen gemeinsam Kriterien erarbeitet werden, um die Vorschläge zu beurteilen.
3. Jeder Beteiligte argumentiert aufgrund bestimmter Interessen, insofern gibt es die Möglichkeit, einen Interessenausgleich herbeizuführen. Dies führt im besten Fall zu einem Konsens. Das bedeutet nicht, dass alle hundertprozentig einer Meinung sind. Vielmehr wurde eine Lösung gefunden, die alle Familien- oder Teammitglieder mittragen können. Statistisch gesehen sind Konsensentscheidungen seltener als Einzelentscheidungen falsch, allerdings ist der Zeitbedarf bis zum Ziel höher. Dennoch: Sowohl für Familien als auch für Teams lohnt sich dieser Aufwand, denn nur zufriedene Menschen sind motiviert und fühlen sich beachtet. Wer durch eine Mehrheitsentscheidung überstimmt wird, kommt sich schnell vernachlässigt vor.

Wenn es schneller gehen soll: die besten Methoden

Sie wollen das ganze Verfahren rund um Ihre Gruppenentscheidung beschleunigen? Dann können Sie eine der fünf folgenden Methoden einsetzen. Allerdings müssen alle Beteiligten damit einverstanden sein. Welche der Methoden gefällt Ihnen am besten? Und welche wird auf Zustimmung in der Familie oder im Team stoßen? Probieren Sie es gemeinsam aus.

1. Sitzen Sie es aus: Wie bei der Papstwahl sitzen alle so lange zusammen, bis ein Konsens gefunden wird. Irgendwann wollen alle Teammitglieder Feierabend machen oder die Familienmitglieder wieder andere Dinge tun. So einigen sie sich schneller. Im Berufsalltag hat es sich bewährt, Meetings vor der Mittagspause oder eine Stunde vor Feierabend anzusetzen, um Entscheidungsprozesse zu beschleunigen.
2. »Wir entscheiden bis … Uhr«: Die Beteiligten setzen sich selbst unter Druck und vereinbaren einen Zeitpunkt, bis zu dem eine Entscheidung gefallen sein muss. Wenn es zum Beispiel um die Urlaubsplanung geht, ist dieser Zeitdruck sinnvoll, wenn Sie Frühbucherrabatte nutzen und günstige Flüge ergattern wollen. Im beruflichen Alltag muss die Frist der Aufgabe angemessen sein. Geben Sie den Teammitgliedern Zeit, damit sie Zahlen, Fakten und Daten sammeln und Fehlerquellen aufspüren können. Setzen Sie gleichzeitig einen möglichst zeitnahen Termin, damit das Sammeln nicht vergessen und immer wieder aufgeschoben wird.
3. »Vorläufig halten wir diese Lösung fest«: Wenn die Diskussionen endlos und zu hitzig werden, halten Sie einfach eine vorläufige Lösung fest. Räumen Sie dann allen Mitgliedern eine Bedenkzeit ein. In der Praxis zeigt sich, dass die vorläufige auch oft die endgültige Lösung ist.
4. »Unter welchen Bedingungen können Sie/kannst du zustimmen?« Wird die Zustimmung von Einzelnen verweigert, hat das immer

Gründe. Fragen Sie nach, was anders sein müsste, damit der oder die Betreffende zustimmen könnte. Oft sind es nur Kleinigkeiten, die die anderen Beteiligten gerne ändern, um letztendlich doch noch zu einer Entscheidung zu kommen.

5 »Wenn wir uns nicht einigen, dann …«: Es scheint aussichtslos zu sein, dass sich alle einigen? Dann zeigen Sie die Folgen auf, die eintreten werden, wenn Sie gemeinsam keine Entscheidung treffen. Es gibt zum Beispiel keinen Urlaub oder das Team steht vor den Vorgesetzten schlecht da. Angesichts dieser Konsequenzen kommt es dann oft zumindest zu einem Kompromiss.

TIPP

Notlösung: der Kompromiss

→ Führen die drei Schritte zur Konsensbildung und die fünf Strategien der Beschleunigung zu keiner Lösung, bleibt immer noch der Kompromiss. Zwar ist er, was die Sache betrifft, oft eine schlechtere Option, aber immerhin ergibt sich ein Entschluss. Dabei gibt jeder Beteiligte an einem Punkt nach. Für Ihren Urlaub hätte das heißen können, dass Ihr jüngerer Sohn auf den Sandstrand verzichtet, Ihr Mann aufs Joggen, Sie auf die Ruhe oder Ihr älterer Sohn auf die Disco.

Strategien für komplizierte Fälle

Wenn die Mitglieder einer Gruppe gemeinsam entscheiden sollen, treten immer wieder die gleichen Schwierigkeiten auf. Sobald Sie merken, dass sich die Entscheidungsfindung sehr kompliziert gestaltet, überprüfen Sie, ob in der aktuellen Situation einer der folgenden Gründe dafür in Frage kommt. Ist dies der Fall, können Sie dem entgegenwirken und nach sinnvollen Lösungen suchen.

→ DIE POSITION VON ANDEREN WIRD ABGEWERTET: Stellen Sie sich noch einmal die Diskussion zu Beginn der Urlaubsplanung vor. Alle äußern ihre Wünsche. Wie schnell kann dies eskalieren, wenn die Wünsche der Familienmitglieder bewertet werden: »Disco ist doch blöd«, »Dann bleib doch im Haus, wenn es dir zu warm ist« oder »Ihr könnt doch auch ohne Berge Rad fahren«. Derartige Äußerungen verhindern, dass ein Konsens gefunden wird. Sätze wie »Das siehst du falsch« oder »Das ist doch nicht wichtig« sind tabu. Alle dürfen ihre Wünsche und Interessen frei äußern. Kritik und Bewertung sind nicht gefragt. Dies in Teams zu gewährleisten, ist die Aufgabe eines Moderators. In der Familie können Sie am besten eine bestimmte Person bestimmen, die auf die Einhaltung dieser Regel achtet.

→ **EINER IN DER GRUPPE BEHARRT AUF SEINER POSITION:** »Ich will aber« oder »Das muss so sein« sind Sätze, die deutlich zeigen, dass eine Person auf ihrer Position beharrt, Formulierungen wie »Ich fahre aber nicht länger als acht Stunden Auto« ebenso. Sobald Sie bemerken, dass einer der Beteiligten stur bleibt, fragen Sie nach, unter welchen Umständen er bereit wäre, seine Meinung zu ändern. Im Beispiel Urlaubsplanung könnte dies so aussehen: Wir verteilen die An- und Abreise auf mehrere Tage mit Zwischenstopps. Bahnfahren oder Fliegen sind weitere Alternativen. Mit diesen Ansätzen schaffen Sie es, anderen oder sich selbst neue Optionen zu eröffnen und das Beharren auf einer Position aufzulösen.

→ **UNSACHLICHE URTEILE WERDEN AUSGESPROCHEN:** Sicher haben Sie auch schon Sätze in Diskussionen wie »In Osteuropa wird doch nur geklaut« gehört. Dieses Vorurteil ist ein typisches Beispiel für ein Totschlag-Argument. Wer Optionen wirklich bewerten will, darf nicht nach Hörensagen und Vorurteilen entscheiden, sondern muss harte Fakten bei der Bewertung heranziehen. Er kann sich zum Beispiel die Kriminalitätsstatistiken des betreffenden Landes anschauen oder sich beim Auswärtigen Amt informieren. Erzeugen die Auskünfte nicht die gewünschte Sicherheit, sollte letztlich das Gefühl für oder gegen einen Urlaub entscheiden. Dieses Beispiel zeigt deutlich, dass Informationen zwar hilfreich, aber nicht ausschlaggebend für eine Entscheidung sind. Schließlich wirken sich Ihre Wünsche und Prioritäten,

Ihre Werte und Normen auf die Bewertung und die Interpretation einer Statistik aus und beeinflussen damit Ihre Entscheidung.

→ JEMAND SPIELT SEINE MACHTPOSITION AUS: Bei der Urlaubsplanung hätten natürlich die Erwachsenen einfach entscheiden können. Allerdings ist ein Urlaub mit unzufriedenen Kindern auch für Sie nicht erholsam. Deshalb lohnt es kaum, eventuelle Machtpositionen auszuspielen. Auch in Teams führt eine einsame Entscheidung vom Teamleiter oftmals dazu, dass Beschlüsse nur schleppend und außerdem schlecht umgesetzt werden. Denken Sie daran: Die nötige Zeit für eine Konsensentscheidung aufzuwenden lohnt sich bei einem funktionierenden Team oder in der Familie immer. Denn eine gemeinsame Entscheidung tragen alle Beteiligten gerne mit.

→ DAS RISIKO ERSCHWERT DIE ENTSCHEIDUNG: Jede Entscheidung ist mit einem Risiko verbunden. Selbst wenn Sie sich entschließen, wieder mit der Familie an den Gardasee zu fahren und im gleichen Hotel zu wohnen wie im letzten Jahr, haben Sie keine Garantie, dass der Urlaub schön wird. Die Vorstellungen der Familienmitglieder ändern sich, und vor Ort treffen Sie auf andere Urlauber. Ein Hotel kann sich verschlechtern oder das Personal hat gewechselt und Sie fühlen sich weniger umsorgt. Das Risiko, das ein unbekanntes Reiseziel birgt, ist natürlich größer, denn hier kennen Sie sich gar nicht aus. Versuchen Sie in solchen Fällen gemeinsam mit Ihrer Familie, die Risikofaktoren besser einzuschätzen. Sprechen Sie mit der Beraterin im Reisebüro und fragen Sie Freunde, die schon dort waren. Ob Sie der Beraterin vertrauen können, sagen Ihnen Ihr Gefühl und Ihre Erfahrung. Waren deren Empfehlungen bisher gut, werden Sie sich darauf verlassen. Und wie glaubwürdig die Erzählungen Ihrer Freunde sind, wissen Sie selbst am besten. Lassen Sie sich bei Ihrer Risikoabschätzung von Verstand und Gefühl leiten und schieben Sie die Entscheidung nicht zu lange auf. Das ist die beste Voraussetzung für eine sichere und gute Entscheidung, die von allen mitgetragen wird.

Der Verstand denkt – der Bauch lenkt

Sicher haben Sie schon bemerkt, dass immer auch Gefühle und Intuition eine große Rolle bei der Entscheidungsfindung spielen. Handeln Sie nicht, wenn Ihr Gefühl gegen eine Option spricht. Doch auch hier gibt es Methoden, die Sie bei Ihrer Entscheidung unterstützen. Wenn Sie sie einsetzen, kommen Sie Ihrem Gefühl näher und lernen, Ihre Intuition besser wahrzunehmen und auf sie zu vertrauen.

Vor allem bei alltäglichen, kleinen C-Entscheidungen liegen Sie mit Ihrer Intuition oft richtig, bei großen Fragen entscheidet das Gefühl ebenfalls mit. Aber darf die Intuition bei großen Entscheidungen Regie führen? Und was ist Intuition überhaupt? Manche Menschen beschreiben sie als ein Kribbeln im Bauch oder Wärme, wenn sich etwas gut anfühlt. Bei schlechten Gefühlen tritt eher ein Drücken in der Magengegend oder ein unangenehmes Gefühl auf. Werden solche Anzeichen immer wieder spürbar, regt dies die Fantasie an, Katastrophenszenarien kommen zur warnenden inneren Stimme hinzu.

Sie können ganz beruhigt sein, dieses Bauchgefühl ist keine Einbildung, sondern eine Tatsache. 100 Millionen Nervenzellen, die den Verdauungstrakt durchziehen, machen zusammen unser »Bauchhirn« aus, das so genannte enterische Nervensystem. Es sendet viel mehr Signale zum Kopfhirn, als es von dort empfängt. Es wäre vermessen, das Bauchhirn bei der Entscheidungsfindung auszuschließen.

Beziehen Sie also Ihre Intuition ganz klar mit ein, wenn Sie in einer komplexen Situation noch nicht alle Informationen haben, aber trotzdem entscheiden müssen. Ihre Intuition kann auf verborgenes Handlungs- und Erfahrungswissen zurückgreifen, betrachten Sie sie daher als Navigationshilfe in schwieriger Lage. Schließlich sind nicht nur Fakten und Zahlen wichtig, sondern vor allem die Psyche des Menschen.

Wie bedeutsam die Intuition ist, zeigt sich, wenn bei einer Entscheidung zwischenmenschliche Komponenten eine Rolle spielen. Dies wird zum Beispiel bei der Personalauswahl besonders deutlich. Hervorragende Zeugnisse allein machen noch keinen guten Mitarbeiter aus, auch die Chemie muss stimmen. Selbst wenn der Bewerber bei allen Tests zu sozialen Kompetenzen gut abschneidet, hilft das nichts, wenn Sie das Gefühl nicht loswerden: Mit dem kann ich nicht. Und ob Sie Hans oder Franz heiraten, entscheiden Sie sicher auch nicht allein danach, wie dick die Portemonnaies der beiden Kandidaten sind.

Stärkt die Selbstwahrnehmung: innere Achtsamkeit

Doch wann dürfen Sie Ihrer Intuition vertrauen und wann nicht? Woran lässt sich das erkennen? In der Tat ist diese Frage knifflig. Denn nicht jeder erste Eindruck oder jeder spontane Handlungsimpuls entspringt unserer kompetenten Intuition. Wir werden außerdem von Automatismen, Launen, Vorurteilen und Wunschfantasien bestimmt. Oberflächlich betrachtet kann sich die Intuition genauso anfühlen wie all diese anderen Einflüsse. Daher ist es wichtig, dass Sie Ihre innere Stimme und Ihre innere Stimmung wahrnehmen, wenn Sie Ihre kompetente Intuition bewusst als Entscheidungshilfe einsetzen möchten. Lernen Sie durch achtsame Beobachtung Ihrer Innenwelt die Eindrücke zu unterscheiden. Um dies zu trainieren, führen Sie regelmäßig die folgende Übung durch.

> Gedanken machen groß,
> Gefühle reich.
>
> [Quintilian | *Römischer Rhetoriklehrer*]

ÜBUNG

Die innere Achtsamkeit trainieren

Nehmen Sie sich für diese Übung zehn Minuten Zeit.

- Setzen Sie sich bequem auf einen Stuhl und schließen Sie die Augen.
- Lenken Sie Ihre Achtsamkeit bewusst auf Ihren Körper.
- Lenken Sie Ihre Achtsamkeit auf Ihren Atem.
- Nehmen Sie wahr, was gegenwärtig in Ihrem Inneren geschieht?
- Gedanken, Bilder, Stimmungen, Gefühle, Körperempfindungen, Impulse?
- Wenn Sie wahrnehmen, dass Sie abschweifen, lenken Sie Ihre Achtsamkeit auf den Atem zurück. Spüren Sie wieder Ihre Stimmungen.
- Halten Sie Ihre Empfindungen, zum Beispiel müde, entspannt, leicht genervt, positiv gespannt, unruhig, nervös, unwohl, stehe neben mir, bin aus dem Gleichgewicht, auf dem Sprung, ruhig, gelassen, zufrieden, neidisch, wütend oder Ähnliches, fest. Behalten Sie die gefühlte Bestandsaufnahme im Bewusstsein. Dies wird Ihnen helfen, während des restlichen Tages bewusster zu reagieren.

Nach zehn Minuten öffnen Sie langsam die Augen. Nehmen Sie Ihre Umgebung wieder wahr, strecken Sie sich und kehren Sie in die Außenwelt zurück. Wenn Sie sich mithilfe dieser Übung über Ihre Empfindungen klarer werden, können Sie gut erkennen, ob Sie das, was Sie tun, aus Lust oder Frust, aus einer inneren Zufriedenheit heraus oder unter größter Anspannung machen. Damit verhindern Sie bei Ihren Entscheidungen vorschnelles und unüberlegtes Handeln aus einer Laune heraus.

Innere Achtsamkeit hilft Ihnen dabei, in vielen Situationen bewusster und dadurch kontrollierter mit den eigenen Emotionen umzugehen. Sie lernen sich selbst besser kennen und können körperliche Reaktionen, Impulse und Emotionen schneller wahrnehmen und den Umständen entsprechend interpretieren.

Erweitern Sie Ihre Intuition mit einem Tagebuch

Wenn Sie Ihre Intuition für Entscheidungssituationen kontinuierlich erweitern wollen, hilft Ihnen ein Intuitionstagebuch weiter. Die regelmäßigen Eintragungen offenbaren Ihnen nach einer gewissen Zeit Verhaltens- und damit Entscheidungsmuster.

Erforschen Sie Ihr intuitives Wissen und nutzen Sie es systematisch. Besorgen Sie sich dafür ein schönes Heft oder ein Buch, in das Sie Ihre intuitiven Momente eintragen, oder benutzen Sie einfach Ihren Computer. Beantworten Sie die folgenden Fragen schriftlich:

- Wann hat Ihr Gefühl zu Ihnen gesprochen?
- Wie hat sich das körperlich geäußert?
- Was hat es Ihnen gesagt?
- In welcher Situation war das?
- Was hat Ihr Kopf daraufhin versucht?
- Haben Sie das Gefühl weggeschoben?
- Kam es wieder?
- War es stärker als vorher?
- Haben Sie es weiter unterdrückt?
- Hat Ihr Kopf gegen den Bauch entschieden?
- Was hat Ihr Bauch dazu gesagt?
- War die Entscheidung gut?
- Hat Ihr Bauch gegen Zahlen und Fakten entschieden?
- War die Entscheidung gut?

Es ist sinnvoll, dass Sie Ihre Tagebuchaufzeichnungen aufbewahren und regelmäßig nachlesen, was Sie notiert haben. Fallen Ihnen Muster in Ihrem Verhalten auf? Mit diesen Fragen spüren Sie sie leicht auf:

- Gibt es Situationen, in denen es Ihnen leicht fällt, auf Ihr Gefühl zu hören?
- Gibt es Situationen, in denen Sie zu schnell auf Ihr Gefühl hören?
- Gibt es Situationen, in denen Sie Ihrem Gefühl misstrauen?
- Wie entscheiden Sie dann?
- Waren die Entscheidungen gut oder schlecht?

Mit der Zeit werden Sie Ihre Entscheidungsmuster und damit auch Ihre Entscheidungsfallen immer klarer erkennen. Vor allem aber verdeutlicht Ihnen Ihr Tagebuch Ihr intuitives Potenzial und hilft Ihnen dabei, im Bewusstsein dieser Kompetenz leichter zu entscheiden.

Wie Sie unterbewusste Entscheidungen erkennen

Wichtig ist nicht nur, dass Sie Ihr Unterbewusstsein erreichen, sondern auch, wie Sie damit umgehen. Intuition ist nicht der Weisheit letzter Schluss, sondern vermittelt Ihnen eine Botschaft, die Ihnen hilft, eine neue Perspektive einzunehmen. Nur selten führt Intuition zu einem Ja oder Nein, vielmehr unterstützt sie Sie beim Differenzieren von Sachverhalten und regt tiefergehende Fragen an. Die Basis von Intuition ist Erfahrungswissen, das sich in spontanen Gefühlsreaktionen äußert.

Sie wollen lernen, zwischen Ihrer Intuition und alten Denkschablonen, die Sie immer wieder anlegen, zu unterscheiden? Dann gehen Sie dazu über, Ihre »Bauch-Entscheidungen« kontinuierlich zu reflektieren:

- Interpretiere ich Körpersignale schnell in eine bestimmte Richtung?
- Welche Werte und Normen beeinflussen meine Urteilsbildung?
- Was traue ich mich nicht zu denken?
- Wo lenken mich starke Wünsche von der Einschätzung der Lage ab?

TIPP

Hören Sie auf die Signale

→ Wenn Sie die Signale Ihres Körpers, die in der Psychologie somatische Marker genannt werden, interpretieren können, entscheiden Sie zukünftig sicher und mit gutem Gefühl. Es ist wichtig, dass Sie Ihre negativen und positiven somatischen Marker kennen. Ungute Empfindungen warnen Sie vor Gefahren und führen dazu, bestimmte Situationen zu vermeiden, während positive Gefühle Ihnen das »Go« geben, sich einer Situation anzunähern. Ganz wichtig ist auch, dass es bei somatischen Markern kein Falsch oder Richtig gibt, sie sind einfach da.

Seien Sie bei der Beantwortung dieser Fragen ehrlich mit sich selbst, denn nur dann erlangen Sie Selbsterkenntnis. Und diese hilft Ihnen, Körpersignale besser einzuschätzen. Sie lernen unterschiedliche Wahrnehmungen sicherer zu interpretieren: Bedeutet das Kribbeln im Bauch »Okay, Start« oder die Verspannung im Nacken »Achtung, Stopp«? Lernen Sie, welche Zeichen Ihr Körper Ihnen für Risiko sendet, für »Damit kann ich gut leben« oder für »Genau das ist es«.

Menschen, die ein gutes Gefühl für die Signale ihres Körpers entwickeln konnten, beschreiben negative Regungen beispielsweise als ein Druckgefühl auf der Brust oder wie einen Klumpen im Magen. Positive Empfindungen wirken sich hingegen häufig auf den ganzen Körper aus: »Ich fühle mich stark, so als ob ich Bäume ausreißen könnte!« Oder: »Ich bin voller Energie und Tatendrang!« Auch ein angenehmes Wärmegefühl im Bauch oder das Gefühl, befreit durchatmen zu können, können Zeichen für innere Zustimmung sein.

Denken Sie immer daran: Es handelt sich um Ihre ganz persönlichen Körpersignale, die nur für Sie bestimmt sind und nur von Ihnen verstanden werden können. Lassen Sie sich nicht beirren. Es fällt Ihnen noch schwer, Ihre Körpersignale wahrzunehmen? Sportarten wie Yoga, Qigong oder Tai-Chi helfen Ihnen, Ihre Körperwahrnehmung zu trainieren. Ebenso führen Atemtherapie oder Feldenkrais zu deutlich mehr »Selbst-Bewusstsein«.

Kreative Techniken: Ihr Weg zu neuen Ideen

Kreative Techniken eröffnen Ihnen neue Wege, Ihr Wissen aus den zwei Erfahrungsbereichen Bauch und Verstand miteinander zu kombinieren. So schaffen Sie es, Ihre Entscheidungen sicherer zu gestalten. Nutzen Sie Ihr Ideenpotenzial, wenn Sie zum Beispiel in eingefahrenen Denkbahnen stecken geblieben sind.

Mit kreativen Techniken holen Sie das Erfahrungswissen der Intuition in Ihr Bewusstsein und lösen geistige Blockaden auf. Diese Methoden verfremden den üblichen Blick und erlauben es, eine andere Perspektive einzunehmen. Sie verknüpfen Gedanken neu und ermöglichen es, andere Zusammenhänge wahrzunehmen. Voraussetzung ist allerdings, dass Sie zuvor das Problem klar definiert und sich intensiv mit der jeweiligen Fragestellung beschäftigt haben.

Für langfristige Entscheidungen: Mind Maps

Sicher haben Sie auch schon einmal eine Mind Map gesehen, vielleicht sogar selbst erstellt. Dabei geht es darum, dass Sie Ihre Gedanken abbilden. Und zwar so: Erfassen Sie das Thema, das Sie bearbeiten wollen, mit einem Wort oder stellen Sie es sich als Bild vor. Nehmen Sie dann ein großes Blatt Papier und schreiben oder malen Sie diesen Begriff in die Mitte.

Davon ausgehend zeichnen Sie im Uhrzeigersinn »Äste« (Linien), die Sie mit Wörtern, Begriffen, kleinen Bildern, Symbolen und Ähnlichem bestücken. Sie können den Ästen auch verschiedene Farben geben. Erfassen Sie alle Gedanken, die zum Thema gehören. Notieren Sie, was Ihnen gerade in den Kopf kommt, lassen Sie Ihre Gedanken fließen und vergessen Sie jede Rangordnung oder Struktur. Immer wieder werden Ihnen neue Ideen und Zusammenhänge einfallen, die Sie auf weiteren Zweigen, die auch von den ersten Linien abgehen können, notieren.

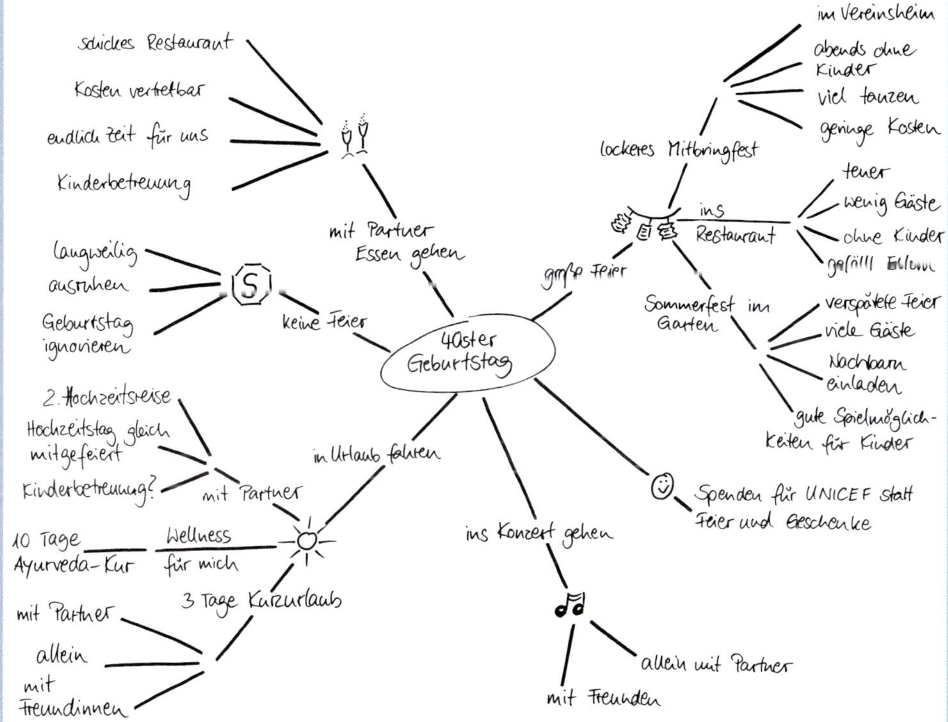

Auf diese Weise entsteht ein Ast-Zweig-System Ihrer Gedanken. Gerät Ihr Gedankenfluss ins Stocken, legen Sie Ihre Mind Map zur Seite. Nehmen Sie sie zu einem späteren Zeitpunkt wieder heraus und korrigieren, ergänzen und strukturieren Sie neu. Auch verrückte Ideen gehören in diese Sammlung. So sortieren Sie Ihre Gedanken, klären Zusammenhänge und verschaffen sich einen guten Überblick über die Entscheidungssituation.

Stellen Sie sich vor, Sie haben bald Geburtstag, und zwar einen runden. Sie wollen ihn feiern, doch wissen Sie noch nicht, in welcher Form. Finden Sie dies mithilfe einer Mind Map heraus. Lassen Sie Ihren Ideen freien Lauf und schreiben Sie alles auf. Sie können dann Ast für Ast die Alternativen bewerten und die streichen, die Ihnen nicht zusagen. Oder Sie übertragen die Optionen in eine einfache Matrix (→ Seite 69) oder führen einen Plus-Minus-Vergleich (→ Seite 52) durch, um zu entscheiden, welche Idee Sie am Ende umsetzen werden.

Mit dieser Technik wecken Sie all Ihre Potenziale, denn sie arbeitet mit Farben und Formen, um die rechte Gehirnhälfte anzuregen, und mit Struktur, Logik und Details, um die linke Gehirnhälfte zu aktivieren. Und Sie haben einen weiteren Vorteil: Mind Maps stellen offene Gedankensysteme dar, die immer wieder überarbeitet und ergänzt werden können. Sie erlauben auch nach langer Zeit einen schnellen Wiedereinstieg in den Gedanken- und Ideenfluss. Gerade für Entscheidungen, die langfristig anstehen, lohnt es sich, eine Mind Map zu erstellen. Denn immer wieder lassen sich neue Ideen und Gedanken, Optionen und Bewertungen einfügen, ohne dass Ihre Gedanken verloren gehen. Sie entlasten dadurch Ihren Kopf und arbeiten effektiv an einem längeren Entscheidungsprozess.

Auch wenn Entscheidungen in einer Gruppe anstehen, ist die Mind Map ein hilfreiches Instrument, um die Ideen aller Beteiligten zu visualisieren. Dadurch strukturieren Sie die Diskussion und verhindern, dass sich die Gedanken immer im Kreis drehen. Wird etwas bereits Gesagtes wiederholt, verweisen Sie einfach auf die Mind Map, ergänzt jemand einen Unterpunkt, fügen Sie einfach einen Zweig hinzu und tragen ihn ein. Wird mit der Familie an einem großen Tisch gearbeitet, eignet sich am besten ein DIN-A3-Blatt, um alles aufzuschreiben. Im beruflichen Umfeld werden Sie eher eine mit Papier bespannte Pinnwand benutzen oder über Notebook und Beamer mit einem elektronischen Mind-Mapping-Programm arbeiten.

Mit Fantasie und Vorstellungskraft: Imaginationstechniken

Einige Imaginationstechniken haben Sie bereits kennen gelernt. Das Visualisieren (→ Seite 16), das Fokussieren (→ Seite 18) und die Vorstellung »Es bleibt, wie es ist/Es ändert sich« (→ Seite 20). Diese Techniken arbeiten mit Ihrer Vorstellungskraft und Ihrer Fantasie. Durch sie können Sie Ihren Blickwinkel erweitern, neue Optionen entdecken und die Lage, in der Sie sich befinden, anders bewerten. Vor allem in Situationen, die Sie seelisch stark belasten, schaffen Sie es damit, eine Distanz zu Ihren Gefühlen herzustellen, um wieder zu einer rationaleren Bewertung zu gelangen.

Lernen Sie noch mehr Imaginations- und Kreativitätstechniken kennen, die weiter gehen als die bisher beschriebenen. Wagen Sie sich aus der Realität und treten Sie in die Fantasiewelt ein. Wenn Sie sich auf diese Gedankenspiele einlassen, werden Sie bald merken, wie wichtig dies ist und wie gut es Ihnen tut – und wie gut Ihnen dies bei der Entscheidungsfindung hilft.

Die gute Fee

Stellen Sie sich vor, Sie sind mit Ihrer Fragestellung in einem Märchen. Was würde die gute Fee für Sie zaubern? Tauchen Sie ab und bringen Sie Lösungen, die in Ihrem Unterbewusstsein schlummern, ans Tageslicht. Wenn Sie diese Fantasiereise unternehmen, können Sie sich ruhig entspannen. Legen Sie zuerst einen Schlüssel, Stift und Schreibblock zurecht, dann stellen Sie schöne Musik an. Setzen Sie sich gemütlich in einen Sessel und nehmen Sie den Schlüsselbund in die Hand. Lassen Sie sich gedanklich in Ihr ganz persönliches Märchen entführen. Sie dürfen dabei auch ruhig einnicken. Sobald Sie nach zehn bis 15 Minuten völlig entspannt sind, fällt Ihnen der Schlüsselbund aus der Hand, und Sie wachen durch das Geräusch, das dabei entsteht, auf.

Notieren Sie dann zehn Minuten lang, was Ihnen in den Sinn kommt, während Sie die imaginären Zauberlösungen auf sich wirken lassen. Sie werden sich schnell zu einer Lösung hingezogen fühlen. Überprüfen Sie anschließend, ob Sie sie umsetzen können. Ist sie nicht zu realisieren, dann entscheiden Sie sich für die zweitbeste. Angeblich ist der spanische Maler und Surrealist Salvador Dalí auf diese Weise in sein Unterbewusstsein abgetaucht, um Ideen für seine Bilder hervorzubringen.

Was würden Ihre Vorbilder tun?

Sie wissen nicht, wie Sie sich entscheiden sollen? Dann übertragen Sie Ihre Situation doch einmal auf Menschen, die für Sie ein Vorbild sind. Was würde Ihre Mutter an Ihrer Stelle tun? Was Johann Wolfgang von Goethe, Arnold Schwarzenegger oder Angela Merkel? Diese Art der Verfremdung hilft Ihnen, Distanz zu Ihren eigenen Gefühlen herzustellen. Mit der Überlegung, was eine andere Person an Ihrer Stelle tun würde, unter anderen Voraussetzungen und mit anderen Kompetenzen ausgestattet, verändert sich Ihr Blickwinkel komplett.

Und es stellen sich viele neue Fragen, wodurch Sie auch viele neue Antworten bekommen. Welche Kompetenzen brauchen Sie noch, um zu entscheiden? Welche Werte und Normen hindern Sie daran, genauso zu handeln wie Ihre Vorbilder? Von wem brauchen Sie Unterstützung? Welche Netzwerke können Sie nutzen?

Was raten Sie Ihrer Freundin?

Sie haben keine Vorbilder? Dann stellen Sie sich vor, dass Ihre beste Freundin die gleiche Entscheidung treffen müsste wie Sie. Welchen Rat würden Sie geben? Sie sitzen zusammen im Café und sie beschreibt Ihnen die Situation.

- Wie würden Sie argumentieren?
- Welche Gegenargumente könnte Ihre Freundin anführen?
- Mit welchen Argumenten versuchen Sie, Ihr Gegenüber zu überzeugen?
- Was wäre Ihnen wichtig?
- Was müsste die Freundin bedenken?

Diese Technik ermöglicht es Ihnen zum einen, den Blickwinkel auf Ihre Situation zu ändern. Zum anderen können Sie dabei aus einer distanzierten Sichtweise heraus Argumente finden und Gegenargumente entkräften. Da Sie eine Beobachter- und Beraterposition einnehmen, gehen Sie innerlich von Ihrer Situation weg und anders an die Fragestellung heran. Diese Technik eignet sich auch gut dazu, um sich auf mögliche Gegenargumente vorzubereiten, die Ihnen sicher begegnen werden, wenn Sie Ihre Entscheidung durchsetzen.

Zudem können Sie von Vorbildern lernen: Wie hat sich zum Beispiel Angela Merkel in einer schwierigen Entscheidungssituation verhalten? Wie Gerhard Schröder? Und was lernen Sie daraus? Welche Strategie sagt Ihnen spontan mehr zu? Welche war erfolgreicher? Ist es sinnvoll, dass Sie Ihre Strategie ändern?

Ein neuer Rahmen für das alte Bild

Sie schaffen es nicht, aus Ihren gewohnten Denkmustern auszubrechen? Dann geben Sie sich und Ihrer Situation andere Rahmenbedingungen und übertragen Sie die Entscheidung in einen Verein, in die Schule, in den Kindergarten oder in den beruflichen Alltag. Stellen Sie sich vor, dass Sie nicht Mutter, sondern eine Führungskraft sind – und Ihr Kind ist Ihr Mitarbeiter. Statt als Führungskraft entscheiden Sie als Erzieherin im Kindergarten oder Sie sind Gärtner und nicht Teamleiter und hegen und pflegen Ihre Pflänzchen.

> Denken ist reden mit sich selbst.
>
> [Immanuel Kant | *Deutscher Philosoph*]

Vielleicht müssen Sie bei dieser Vorstellung spontan lachen, und die ganze Situation erscheint in einem anderen Licht. Wenn Sie die Rolle des Gärtners einnehmen, obwohl Sie eigentlich als Teamleitung arbeiten, denken Sie möglicherweise nicht mehr krampfhaft darüber nach, wie Sie Ihre Mitarbeiter motivieren. Sie können differenzieren und überlegen, wie Sie das Veilchen stärken und den Kaktus auf Distanz halten, damit dieser die anderen nicht dauernd sticht. Vielleicht wird Ihnen in Ihrer angenommenen Rolle auch klar, dass Sie aus einer Sonnenblume keine Tanne machen können.

Sehen Sie sich einmal als Führungskraft statt als Mutter, entwickeln Sie vielleicht neue Verhaltensweisen gegenüber Ihrem »Mitarbeiter«. Auch Kinder wollen vor allem in schwierigen Situationen als gleichberechtigte Diskussionspartner wahrgenommen werden.

Durch derartige Gedankenspiele entstehen neue Sichtweisen, die Ihnen helfen, sich selbst aus einem Zustand der Lähmung zu befreien. Sie lernen außerdem, Ihre eigenen Entscheidungen besser zu verstehen, sie leichter zu treffen und Ihre Position auch nach außen zu vertreten.

Im Zauberwald

Stellen Sie sich vor, Sie sind in einem zauberhaften Wald. Sie begegnen vielen wundersamen Wesen. Deren Fragen müssen Sie beantworten, um durch den Wirrwarr der Bäume und Büsche hindurchzufinden.

- Die erste Elfe, die Ihnen begegnet, fragt Sie: »Angenommen, du würdest völlig frei bestimmen und handeln können, was würdest du tun?« Erst wenn Sie diese Frage beantwortet haben, können Sie den Wald weiter erkunden.
- Die zweite Elfe fragt Sie: »Stell dir vor, es ist überlebensnotwendig, dass du diese Entscheidung zusammen mit dem Menschen triffst, von dem du glaubst, dass er dich am meisten daran hindert. Was ist dein persönlicher Beitrag, um zu einer Entscheidung zu kommen?« Erst wenn Sie diese Frage beantwortet haben, kommen Sie auf eine Lichtung im Wald.
- Die dritte Elfe fragt Sie: »Über dir auf der Lichtung schweben unsichtbar die Menschen, die dir wichtig sind. Was sagen sie zur derzeitigen Situation?« Erst wenn Sie diese Frage beantwortet haben, öffnet sich ein Weg, der zu einem Fluss führt.
- Die vierte Elfe, eine Wasser-Elfe, stellt Ihnen die Frage: »Geht es dir in diesem Entscheidungsprozess gut? Erinnere dich an die letzte Situation, in der du richtig Spaß im Alltag hattest!« Erst wenn Sie sich erinnert haben, sehen Sie die Steine im Wasser, über die Sie den Fluss überqueren können.
- Die fünfte Elfe erscheint aus dem Nichts und stellt Ihnen eine Zukunftsfrage: »Stell dir vor, zwei Jahre sind vorbei und du hast deine Entscheidung getroffen und dein Ziel erreicht. Woran möchtest du dich dann erinnern?« Erst wenn Sie diese Frage beantwortet haben, sehen Sie den Horizont.

- Die sechste Elfe erscheint und bewahrt Sie davor, in eine tiefe Grube zu fallen. Sie fragt Sie: »Wenn du willst, dass die jetzige Situation noch schlimmer wird, was musst du dann tun?« Erst wenn Sie diese Frage beantwortet haben, sehen Sie den Pfad, der um die Grube herumführt. Sie erreichen das Ende des Zauberwaldes, und eine wunderschöne, atemberaubende Weite liegt vor Ihnen.

Die Fragen der Elfen ermöglichen es Ihnen, Ihren Handlungsspielraum zu vergrößern:

- Die erste Frage erweitert den Blickwinkel auf neue Ideen und andere Verhaltensweisen.
- Die zweite Frage beendet einseitige Schuldzuweisungen und überträgt die Verantwortung auf alle Beteiligten.
- Die dritte Frage bringt Ihnen die Außenperspektive ins Bewusstsein und weckt Verständnis für die anderen Beteiligten.
- Die vierte Frage fokussiert Sie auf positive Gefühlserlebnisse und hilft, in Lösungen statt in Problemen zu denken.
- Die fünfte Frage lenkt das Denken auf Schritte, die in Richtung der Ziele führen können.
- Die sechste Frage hilft, Angstmuster näher zu erkunden, und richtet den Blick auf Ihre Einflussmöglichkeiten.

Erweitern Sie Ihre Selbstkompetenz und Ihr Handlungspotenzial durch diese Fragetechniken aus der systemischen Beratung und lassen Sie sich im Zauberwald zu neuen Sichtweisen führen.

Die Denkhüte

Edward de Bono, britischer Psychologe, Mediziner und Kreativitätsforscher, hat ebenfalls eine Technik entwickelt, die es ermöglicht, den Blickwinkel auf eine Situation zu verändern, wenn die Gedanken festgefahren sind. Seine Denkhüte geben durch ihre Farbe jeweils die Sicht vor, aus der ein Problem zu betrachten ist. So sehen die unterschiedlichen Blickwinkel der Hüte aus:

- **DER WEISSE HUT:** Er übernimmt die neutrale Position. Wenn Sie ihn aufhaben, sammeln Sie Daten, Fakten und Informationen, die vorhanden sind, und legen fest, welche Details noch recherchiert werden müssen.
- **DER ROTE HUT:** Er bedeutet die emotionale Position. Mit ihm dürfen Sie Gefühle und Vermutungen aussprechen, ohne dass Sie sich rechtfertigen müssen.
- **DER GRÜNE HUT:** Er bedeutet Kreativität. Unter ihm sammeln Sie Ideen und Alternativen. Sie dürfen »spinnen«, ohne gleich diszipliniert und kritisiert zu werden.
- **DER GELBE HUT:** Er symbolisiert die optimistische Position. Wenn Sie diesen Hut aufhaben, besteht Ihre Aufgabe darin, Nutzen, Vorteile, Machbarkeit und Wert einer Idee hervorzuheben und außerdem ihre praktische Bedeutung im Zusammenhang mit dem jeweiligen Diskussionsthema darzustellen.
- **DER SCHWARZE HUT:** Er steht für die kritische Position. Unter ihm dürfen Sie Gefahren, Nachteile, Schwierigkeiten, Probleme und Risiken, die mit einem Thema verbunden sind, beleuchten, ohne Sie sofort lösen zu müssen.
- **DER BLAUE HUT:** Er bedeutet eine übergeordnete, objektive Position. Wenn Sie diesen Hut aufhaben, ist es Ihre Aufgabe, eine Übersicht herzustellen, die Zielsetzung deutlich zu machen, Schlussfolgerungen festzuhalten und den gesamten Prozess zu steuern. Wer den blauen Hut trägt, leitet die Diskussion. Sind Sie in dieser Position, koordinieren Sie die anderen Hüte – und nur Sie allein dürfen die anderen Beteiligten unterbrechen.

Sie können die Technik der Denkhüte alleine anwenden, indem Sie Hut für Hut nacheinander aufsetzen. Schreiben Sie am besten die jeweiligen Positionen, die durch die Farben der Hüte vorgegeben sind, auf verschiedene Zettel. Der Wechsel der Sichtweisen wird Ihnen noch leichter fallen, wenn Sie die Zettel im Raum verteilen. Dann können

Sie von Blatt zu Blatt gehen, während Sie die Technik anwenden. Eine räumliche Veränderung erleichtert auch den gedanklichen Wechsel.

Wollen Sie diese Technik bei Familienbesprechungen oder beruflichen Meetings anwenden, kann die gesamte Gruppe jeweils nacheinander einen bestimmten Hut »aufsetzen«. In kleineren Gruppen wird eine Reihenfolge festgelegt, wann welche Person welche Hutfarbe und welche Position übernimmt. Wenn sich ein Gruppenmitglied zu Wort meldet, gibt es an, welchen Hut es gerade trägt. Um den Wechsel der Sichtweisen zu trainieren, üben Sie am besten mit Fragestellungen, die Sie im Moment beschäftigen, oder mit ganz alltäglichen Problemen wie dem hohen Benzinpreis. Der Austausch über dieses Thema könnte zum Beispiel so ablaufen:

- Der blaue Hut legt die Fragestellung fest und eröffnet die Diskussion: »Die Benzinpreise steigen kontinuierlich. Können wir uns das Autofahren noch leisten?«
- Weißer Hut: »Der Benzinpreis stieg in den letzten fünf Monaten um X Prozent. Real zahlen wir jetzt für den Liter Superbenzin 1,35 Euro.«
- Roter Hut: »Das ist unverschämt!«
- Schwarzer Hut: »Wir können uns das Autofahren nicht mehr leisten, in unserer Haushaltskasse ist sowieso schon Ebbe. Ich fürchte, wir müssen das Auto verkaufen.«
- Gelber Hut: »Im Moment ist der Preis zwar hoch, aber in der letzten Woche ist er auch schon wieder um fünf Cent gefallen. Sicherlich wird er noch weiter fallen, wenn die Hurrikan-Saison vorbei ist. Wir können dann wieder mehr mit dem Auto unternehmen.«
- Grüner Hut: »Weniger Auto zu fahren ist gut, das schont die Umwelt. Und wenn wir öfter Fahrrad fahren, tun wir was für unsere Fitness. Wir können zusätzlich sparen, indem wir uns einen Diesel oder ein Erdgasauto kaufen. Nehmen wir die Fahrräder im Auto mit, können wir weite Strecken fahren und vor Ort kleinere Besorgungen mit dem Rad erledigen.«

Führen Sie diese Diskussion fort. Sie werden sicher sehr bald feststellen, dass Sie einen der Hüte deutlich lieber aufsetzen als die anderen. Für viele Menschen ist die Position unter dem schwarzen Hut die leichteste, während unter dem gelben und dem grünen Hut eine ganze Menge Denkarbeit erforderlich ist. Sie erfahren mit dieser Technik mehr über Ihre gewohnten Denkbahnen und können diese bewusst auch einmal verlassen und andere Perspektiven einnehmen.

ÜBUNG

Themenideen
für die »Denkhüte«

Wenn Sie die Methode der Denkhüte trainieren möchten, sind zum Beispiel auch folgende Fragestellungen geeignet:

- Sollen wir zu Weihnachten auf Geschenke verzichten und das Geld an Bedürftige spenden?
- Welche Schule ist für unsere Kinder am besten?
- Streichen wir den Winterurlaub, weil das Skifahren der Umwelt schadet?
- Sollen wir den Fernseher für drei Monate auf den Dachboden verbannen?

Sicher fällt Ihnen noch eine ganze Reihe weiterer interessanter Diskussionsansätze ein. Üben Sie die Technik der Denkhüte auch mit Ihren Familienangehörigen. Selbst Kinder, die allerdings schon gut argumentieren können sollten, schaffen es nach einiger Zeit sicher, die jeweiligen Meinungen unter den verschiedenen Hüten zu vertreten.

Keine Angst
vor Entscheidungsfallen

Eine Garantie für richtige Entschlüsse gibt es leider nicht. Aber Sie können das Risiko verringern, falsch zu entscheiden, wenn Sie die häufigsten Fehler kennen. Überprüfen Sie anhand der folgenden Ausführungen, ob Sie schon in eine der typischen Entscheidungsfallen getappt sind und wie Sie dem bewusst entgegenwirken können.

→ SIE ÜBERSCHÄTZEN IHRE DENKKAPAZITÄT: Unser Gehirn ist schnell überlastet, wenn es mit komplexen Situationen umgehen muss. In der Folge übersehen Menschen leicht Alternativen und Fakten, zudem vergessen sie Informationen.
Gegensteuern: Bereiten Sie Ihr Wissen systematisch und gründlich mithilfe von Entscheidungstechniken wie zum Beispiel der gewichteten Matrix (→ Seite 55) auf.

→ SIE VERWECHSELN FAKTEN MIT ANNAHMEN: Gerade im Umgang mit anderen Menschen ist es wichtig, Fakten von Annahmen und Unterstellungen zu trennen. Sie haben zum Beispiel Streit mit Ihrem Partner. Eine Annahme ist es, dass er allein die Schuld trägt und rücksichtslos und egoistisch handelt. Deshalb beharren Sie darauf, dass er den ersten Schritt machen muss und sich entschuldigt. Was aber, wenn er dasselbe von Ihnen erwartet?
Gegensteuern: Halten Sie inne und trennen Sie Fakten bewusst von Annahmen. Fragen Sie nach Gründen für ein bestimmtes Verhalten bei sich selbst und bei anderen. Im Umgang mit anderen Menschen entscheiden wir oft aufgrund von Annahmen und Vermutungen. Fragen Sie nach, warum jemand sich auf eine gewisse Weise verhalten hat, und beziehen Sie diese Fakten ein.

→ SIE DENKEN IN SCHWARZWEISS: Sie fragen Ihren Partner, ob er heute lieber ins Theater oder lieber ins Kino gehen möchte? Vor solche Alternativfragen gestellt, reagieren viele Menschen spontan und entscheiden sich für A oder B. Dabei übersehen sie oft nahe liegende Alternativen.

Gegensteuern: Durchbrechen Sie die Entweder-Oder-Denkstruktur und fragen Sie auch nach einer C-Lösung, zum Beispiel nach einem Konzertbesuch. Sie können Ihren Horizont mit den Denkhüten (→ Seite 92) erweitern und eingefahrene Denkbahnen verlassen, die Sie sich selbst oder andere Ihnen vorgeben.

→ **SIE FOLGEN IHREN GLAUBENSMUSTERN:** Tief verwurzelte, unbewusste Glaubensmuster, die meist aus Kindertagen stammen, machen vielen Menschen das Leben schwer. »Mich wollen ja doch alle hereinlegen« oder »Wenn man nicht alles selber macht, dann wird es sowieso nichts« führen zu Denkfehlern wie »Ich muss alles doppelt und dreifach kontrollieren« und ständigem Misstrauen anderen Menschen gegenüber. Diese Glaubensmuster hindern Sie an einer freien Entscheidungsfindung.

Gegensteuern: Wenn Sie feststellen, dass Sie mit Ihrem spontanen Verhalten nicht zum gewünschten Ergebnis gelangen, prüfen Sie, ob Sie solche tief verankerten Glaubenssätze bei sich entdecken. Aus Ihren Erkenntnissen heraus können Sie dann alternative Verhaltensweisen entwickeln. Sie wissen, dass Sie geheimen Glaubenssätzen folgen, aber Sie möchten allein nicht genau hinschauen? In diesem Fall holen Sie sich fachmännische Hilfe. Ein Coach oder Therapeut kann Sie in der Arbeit an sich selbst unterstützen und voranbringen.

→ **SIE ÜBERSEHEN DIE FOLGEN IHRER ENTSCHEIDUNG:** Vor allem spontane Umkremplerinnen blenden die kurz- und langfristigen Folgen einer Entscheidung oft aus, weil sie nicht zu ihrem Vorhaben passen. Erst zu spät werden die negativen Auswirkungen erkannt. Unter diesen Umständen ist das Zurückrudern besonders unangenehm, vor allem falls in einer solchen Situation die Gefühle von anderen Menschen verletzt worden sind.

Gegensteuern: Nehmen Sie sich Zeit für Ihre Entscheidungen und setzen Sie sich bewusst mit den Konsequenzen und Folgen auseinander. Techniken wie das Worst-Case-Szenario (→ Seite 66) helfen Ihnen dabei, sich die Konsequenzen vor Augen zu führen. Fragen Sie andere Menschen nach möglichen Auswirkungen und beziehen Sie deren Überlegungen dann auch in Ihre Entscheidung mit ein. Das bedeutet nicht, dass Sie Ihre eigene Meinung aufgeben sollen, doch wenn Sie die Standpunkte anderer Menschen kennen lernen, bekommen Sie schon vorab eine Ahnung, wie Ihre Umwelt auf Ihre Entscheidung reagieren könnte.

→ SIE ENTSCHEIDEN NUR NEBENSÄCHLICHES: Die wirklich harten Nüsse zu knacken ist oft aufwändig und anstrengend. Deshalb scheint es leichter zu sein, erst einmal die einfachen Fragen zu klären. Das wirklich Wichtige bleibt liegen, im schlechtesten Fall treffen andere Menschen die große Entscheidung für Sie.
Gegensteuern: Lassen Sie sich Ihre Entscheidungen nicht aus der Hand nehmen. Sortieren Sie sie konsequent in das Raster mit den A-, B- und C-Prioritäten (→ Seite 7) ein. Und machen Sie sich immer wieder den Unterschied zwischen Wichtigkeit und Dringlichkeit klar, denn die Regel lautet: Wichtig kommt vor dringlich. Bleiben Sie konsequent und entscheiden Sie immer erst das Wichtige.

→ SIE ENTSCHEIDEN NUR DRÄNGENDE PROBLEME: Manche Menschen lösen immer nur das Problem, das sie gerade am meisten drückt. Aber ist es auch tatsächlich die Frage, die sie eigentlich angehen müssten? Wenn Sie warten, bis eine Entscheidung dringend wird, bleibt Ihnen weder Handlungsspielraum noch ausreichend Zeit.
Gegensteuern: Machen Sie sich mithilfe des Rasters der A-, B- und C-Prioritäten klar, was wichtig ist. Überprüfen Sie Ihre Zielsetzung, Werte und Normen und definieren Sie die Ziele klar und eindeutig (→ Seite 11). Denn nur wenn Sie so vorgehen, können Sie wirklich entscheiden, was wichtig ist.

- **SIE HALTEN AM BEWÄHRTEN FEST:** Der Mensch ist bequem und greift gerne auf Bewährtes zurück. »Das haben wir schon immer so gemacht!« – Diesen Spruch kennt jeder, der neuen Wind in eine Organisation bringen will, auch wenn es sich um die eigene handelt. Nur weil Sie immer auf gewisse Weise entschieden haben, heißt das noch lange nicht, dass das Muster auch in jeder Situation zum besten Ergebnis führt.
  Gegensteuern: Halten Sie bei der Entscheidungsfindung inne und fragen Sie sich: »Verhalte ich mich jetzt so wie immer in solchen Situationen?« Wenn ja, probieren Sie einmal einen anderen Weg, vor allem wenn Sie mit Ihren Ergebnissen nicht zufrieden sind. Überprüfen Sie Ihren Entscheidungsprozess und denken Sie wie Walt Disney (→ Seite 147) oder wie beim Mind Mapping (→ Seite 84) in den Kategorien Chancen und Möglichkeiten.
- **SIE MISSBRAUCHEN IHRE MACHT:** Auf der Grundlage von Macht zu entscheiden ist bequem, weil es schnell und scheinbar mühelos geht. Doch bekommen Sie so alle beteiligten Personen ins Boot? Das wird wohl kaum der Fall sein, denn Sie übergehen konsequent die Bedürfnisse und Wünsche anderer, wenn Sie immer wieder einsame Entscheidungen treffen.
  Gegensteuern: Besprechen Sie mit allen Beteiligten Ihre Pläne und nehmen Sie sich Zeit für die Konsensbildung (→ Seite 69). Nur dann werden Ihnen andere Menschen gerne bei der Umsetzung Ihres Vorhabens helfen, und Sie haben es mit zufriedenen, motivierten Team- oder Familienmitgliedern zu tun.

Haben Sie herausgefunden, in welche Entscheidungsfalle(n) Sie hineingetappt sind? Gut, dann können Sie in Zukunft aktiv gegensteuern und zu besseren Entscheidungen gelangen. Und sind Sie mithilfe der erläuterten Techniken zu einer Entscheidung gekommen? Dann haben Sie nun genug überdacht, geplant und recherchiert, legen Sie los und setzen Sie Ihre Vorhaben um.

Sicher ans Ziel – mit Konsequenz und Willenskraft

3

→ Endlich ist es so weit. Sie haben Ihre Entscheidung getroffen, und nun kann es losgehen. Haben Sie ein freudiges Kribbeln im Bauch? Oder spüren Sie vielleicht auch ein bisschen tiefer ein Grummeln? Beides? Kein Wunder, denn jetzt wird sich zeigen, ob Sie tatsächlich zu Ihrer Entscheidung stehen und Ihren Weg gehen – auch wenn innere oder äußere Widerstände auftauchen.

Los geht's: Schritt für Schritt zur Tat

Sie haben Ihre Entscheidung getroffen. Gratulation. Damit es aber nicht nur bei einem guten Vorsatz bleibt, müssen Sie natürlich Ihre Wahl auch durch- und umsetzen. Das ist oft gar nicht so einfach, denn eine Entscheidung zieht immer eine Veränderung nach sich. Oft bemerken Sie in solchen Momenten, dass sich in Ihrem Inneren ein leichter Widerstand genau gegen diese Veränderung regt. Erst wenn Sie diese Abwehr überwunden haben, können Sie damit beginnen, die Umsetzung Ihrer Entscheidung tatsächlich Schritt für Schritt anzugehen.

Keine Chance für innere Widerstände

Besonders gut lässt sich diese Abwehrhaltung im Alltag mit Kindern nachvollziehen. Endlich haben Sie mit Ihrer Familie einen Tagesrhythmus gefunden, der Ihre Bedürfnisse und die der anderen Familienmitglieder in Einklang bringt. Und plötzlich ändern sich die Zeiten der Sportstunden, die Betreuungszeiten, oder der Wechsel vom Kindergarten in die Schule steht an. Sobald Sie das Gefühl haben, dass sich im Alltag mit Kindern etwas gut eingespielt hat, verändert sich etwas. Sie müssen immer wieder mit neuen äußeren Bedingungen zurechtkommen, denn die Kinder werden älter und auch Ihre Bedürfnisse ändern sich mit der Zeit.

Die meisten Menschen versuchen daher solche Veränderungsprozesse erst einmal abzublocken: »Oh nein, es läuft doch gerade alles rund.« Auch die Mitarbeiter in Unternehmen sind damit konfrontiert: »Nein, nicht schon wieder eine Umstrukturierung und Organisationsänderung, wir haben uns doch gerade in die neue Struktur eingefunden.« Diese Reaktion ist natürlich, denn wenn in einer Situation alles gut läuft, wünschen sich die wenigsten Menschen Veränderungen.

Sie werden es sicher auch merken: Haben Sie erst einmal eine solche Abwehrhaltung eingenommen, finden Sie viele Argumente, warum alles so bleiben soll, wie es ist. Doch so kommen Sie nicht voran, denn Ihre Kinder entwickeln sich weiter und an Ihrer Arbeitsstelle werden Sie Umstrukturierungen kaum stoppen können. Wenn Sie sich nicht selbst ausbremsen wollen, schaffen Sie sich neue Perspektiven. Dann werden Sie verstehen, dass Veränderung notwendig und vielleicht sogar vorteilhaft für Sie ist.

» Der Wechsel allein ist das Beständige. «

[Arthur Schopenhauer | *Deutscher Philosoph*]

Die Frage ist: Wie können Sie sich selbst davon überzeugen? Machen Sie sich noch einmal deutlich, warum Sie gerade diese Entscheidung getroffen haben, welches Ziel Sie anstreben und welche Chancen die Veränderung mit sich bringen wird. So fokussieren Sie sich nicht nur auf die Gründe, die gegen eine Umsetzung sprechen, sondern Sie werden Ihren inneren Widerstand überwinden und motiviert den nächsten Schritt gehen. Und auch wenn Sie ab und zu zweifeln, machen Sie sich keine Sorgen, das ist normal. Keine Veränderung verläuft ohne Zweifel, doch auf den folgenden Seiten finden Sie Hilfe, so dass Sie den Weg gehen werden, für den Sie sich entschieden haben.

Behalten Sie die Bodenhaftung

Haben Sie Ihre inneren Widerstände überwunden oder hatten Sie nie die geringsten Zweifel? Dann sind Sie jetzt sicher glücklich mit Ihrer Entscheidung und brennen darauf, auch endlich zu handeln. Sie strotzen geradezu vor Motivation und Kraft, auch schwierige Dinge anzupacken. Doch gönnen Sie sich einen Moment Ruhe und holen Sie einmal tief Luft…

Bedenken Sie, dass Euphorie ganz schnell dazu führt, die Möglichkeiten in einer Situation zu überschätzen, egal ob es um Zeit, Geld, Energie oder Ausdauer geht. Erlauben Sie sich Begeisterung, aber schauen Sie auch nach der Entscheidung immer wieder ganz genau hin, damit Sie bei der Umsetzung nicht maßlos werden oder stark von Ihrem geplanten Weg abweichen. Um dem entgegenzuwirken, nehmen Sie sich eine Stunde Zeit, um sich noch einmal Ihre Entscheidung zu vergegenwärtigen. Es kann sein, dass Sie genervt reagieren und sich denken: »Ich habe mich doch schon entschieden. Warum soll ich jetzt alles noch einmal aufschreiben? Wozu soll das gut sein?«

Glauben Sie mir, es ist sinnvoll, weil sich vor allem in einem langen Entscheidungsprozess Fragestellungen, Prioritäten und Zielsetzungen ändern können, ohne dass es Ihnen bewusst wird. Daher lohnt es sich, alle Faktoren noch einmal genau zu durchdenken, bevor Sie mit der Umsetzung loslegen. Zudem können Sie sich durch eine Planung aller Details motivieren und noch einmal prüfen, ob sich Ihre Entscheidung auch in allen Punkten umsetzen lässt. Denken Sie daher gründlich über die folgenden Fragen nach und schreiben Sie Ihre Antworten auf:

- Wie lautet Ihr Ziel?
- Wie sind die einzelnen Etappenziele festgelegt?
- Wie organisieren Sie die jeweiligen Phasen?
- Wer unterstützt Sie?
- In welcher Form werden Sie unterstützt?

Erfahrungsbericht

Heikes Ziele

Heike arbeitet seit zwei Jahren wieder Teilzeit und möchte sich gerne beruflich weiterentwickeln. Sie hat sich entschieden, eine berufsbegleitende Ausbildung über drei Jahre zu machen. Das wird nicht leicht, denn ihr Mann Gerhard ist voll erwerbstätig, und ihre vier Kinder im Alter von fünf, acht, 14 und 16 Jahren nehmen sie nach wie vor stark in Anspruch. Für dieses große Ziel braucht Heike einen klaren Zeitplan, viel Energie und Ausdauer, die Unterstützung der ganzen Familie und Hilfe von außen. Damit allen Familienmitgliedern klar wird, wie diese Entscheidung sich auf das Familienleben auswirkt, schreibt Heike die jeweiligen Etappenziele und den Zeitplan dazu auf. So erleichtert sie ihnen, mit der kommenden Belastung umzugehen.

- → *Ich werde im kommenden Herbst die Ausbildung zur Verwaltungsfachwirtin beginnen.*
- → *Mein Ziel ist es, in drei Jahren die Ausbildung zur Verwaltungsfachwirtin abzuschließen.*
- → *Im ersten Jahr habe ich jeden Montag acht Stunden Schule und brauche meinen freien Vormittag am Freitag zum Lernen.*
- → *Nach einem Jahr habe ich weiterhin die üblichen Schulzeiten, und die erste Prüfungsphase beginnt. Das bedeutet, dass ich zwei Abende und einen weiteren Nachmittag zum Lernen brauche. Kurz vor den Prüfungen möchte ich jeden Abend lernen.*
- → *Ein weiteres Jahr ist wie üblich Schule und danach finden wieder Prüfungen statt.*
- → *Nach zwei Jahren habe ich drei Monate Zeit, um eine Projektarbeit zu schreiben. Da ich mir meine Zeit freier einteilen kann als bei den Klausuren, habe ich wieder etwas mehr Zeit für die Familie.*

→ Der letzte Monat der Ausbildung wird am schwierigsten, denn 14 Tage vor der mündlichen Prüfung erfahren wir, in welchen Fächern wir geprüft werden. Und ich habe nur 24 Stunden Zeit dafür, eine Präsentation vorzubereiten.

Heike weiß, dass sie bei der Umsetzung ihres Plans realistisch bleiben muss. Daher kalkuliert sie Zeitpuffer ein, denn mit vier Kindern kann immer etwas Unvorhergesehenes passieren. Zudem legt sie die Messlatte für ihre Leistung nicht zu hoch. Ihr Ziel ist es, die Ausbildung abzuschließen, die Note ist nebensächlich. Sie versucht auch schon jetzt, an ihre Energiereserven zu denken, sie plant Erholungsphasen ein, damit sie auch immer wieder Kraft tanken und Konzentration sammeln kann.

Will sie ihren Abschluss schaffen, ist auch klar, dass sie andere Aktivitäten für den Zeitraum von drei Jahren bewusst einschränken muss. Heike wird daher ihr kirchliches Engagement reduzieren und das Musizieren, das mit vielen Auftritten verbunden ist, für diese Zeit ruhen lassen.

Gerhard reduziert seine Arbeitszeit auf 80 Prozent. Für den Montag hat Heike eine Tagesmutter gefunden, und ihr Jüngster wird im Kindergarten zwei Stunden länger als bisher betreut. Dennoch braucht sie die Unterstützung aller Familienmitglieder, um diesen ehrgeizigen Plan zu realisieren. Die beiden älteren Kinder erhalten daher Aufgaben im Haushalt und betreuen hin und wieder ihre kleineren Geschwister. Gerhard übernimmt Zeit raubende Haushaltstätigkeiten.

Ihre Schwägerin und ihre Freundin unterstützen Heike beim Lernen. Andere Freundinnen übernehmen Fahrdienste für die Kinder. An drei Tagen wird Heikes Schwiegermutter, die im Haushalt lebt, sich um das Mittagessen kümmern. Auch Familienurlaube müssen ab jetzt frühzeitig und genau geplant werden, denn da Gerhard weniger arbeiten wird, verändert sich auch die finanzielle Situation der Familie.

Heike hat alles gut durchdacht und weiß genau: Nur mit guter Planung, Organisation und einem Netzwerk aus vielen Menschen, die sie unterstützen, kann sie ihr Ziel erreichen.

Starten Sie bald durch!

Sie haben Ihre Entscheidung getroffen, Ihr Plan steht, Sie wissen, von wem Sie welche Unterstützung bei Ihrem Vorhaben bekommen. Jetzt kann es endlich losgehen. Nutzen Sie Ihren Motivationsschub und machen Sie innerhalb der nächsten 24 Stunden den ersten Schritt hin zu Ihrem Ziel.

Ein solcher »Schnellstart« ist wichtig, denn schon bald lässt die erste Euphorie nach. Sicher kennen Sie das: Sie besuchen ein Seminar oder einen Vortrag. Direkt nach dieser Veranstaltung sind Sie begeistert und sagen sich: »Ja, das ist es, das werde ich tun.« Doch kaum beginnt der stressige Alltag, sind alle guten Vorsätze vergessen. Das können Sie verhindern, indem Sie schnell durchstarten.

Über Stock und Stein ohne zu stolpern

Nun sind Sie also so weit, Sie gehen los. Bestimmt wird es vorkommen, dass Sie vor allem bei den ersten Schritten das Gefühl haben, sich zu verlaufen oder zu stolpern. Doch sobald Sie erst einmal richtig in Schwung gekommen sind, wird dies immer seltener vorkommen, Sie werden sicherer und sicherer.

Vier Schlüssel für Veränderungen

Sie wissen, wie schwer es ist, alte Gewohnheiten abzulegen. Das gilt ganz unabhängig davon, welche Entscheidung Sie umsetzen wollen. Wenn Sie die vier Schlüssel kennen, mit denen sich das Verhalten ändern lässt, wird es Ihnen leichter fallen:

- **SCHLÜSSEL 1:** Begnügen Sie sich nicht mit allgemeinen Vorsätzen, sondern definieren Sie auch kleine Schritte ganz konkret. Wenn Sie also zum Beispiel wieder mit dem Joggen beginnen wollen, legen Sie fest, dass Sie zunächst zweimal in der Woche zehn Minuten laufen, um sich dann pro Woche um zwei Minuten zu steigern.
- **SCHLÜSSEL 2:** Ergreifen Sie die erstmögliche Chance, um mit der Umsetzung der Veränderung zu beginnen. Selbst wenn das Wetter an dem Tag, an dem Sie Ihren ersten Lauf geplant haben, nicht gut ist – lassen Sie sich nicht abhalten.
- **SCHLÜSSEL 3:** Beginnen Sie mit einer neuen Gepflogenheit so intensiv wie möglich und machen Sie keine halben Sachen. Wenn Sie sich vornehmen zu joggen, dann starten Sie durch und laufen gleich zweimal die Woche und handeln nicht nach dem Motto: »Jetzt lauf ich einmal die Woche, später kann ich mich immer noch steigern.«
- **SCHLÜSSEL 4:** Lassen Sie keine Ausnahme zu, ehe die neue Gewohnheit fest in Ihr Verhalten integriert ist. Halten Sie Ihr Lauftraining ein, obwohl ein guter Film im Fernsehen kommt, und nehmen Sie ihn stattdessen auf.

Feiern Sie jede Etappe

Wie wichtig Ziele für Motivation und Orientierung sind, wissen Sie bereits. Betrachten Sie aber auch den Weg dorthin als einen Teil des Ziels. Gerade wenn es um langfristige Vorhaben geht, empfiehlt es sich, Meilensteine festzulegen und diese in den Vordergrund zu rücken. Stellen Sie sich vor, Sie würden Ihr Urlaubsziel nach einer langen Seereise erreichen. Unterwegs halten Sie in vielen Häfen, Sie segeln an schönen Inseln vorbei, und schon die Weite des Meeres ist ein Erlebnis. Sie geraten aber auch in heftige Stürme und die Wellen schlagen hoch. Vielleicht kommen Sie vom Kurs ab, weil Ihr Navigationssystem zwischendurch versagt hat und Sie neue Koordinaten eingeben müssen.

So wie diese Gedankenreise kann auch der Weg zu Ihrem Ziel sein. Sie erleben viele schöne Dinge und müssen ganz sicher auch mit Hindernissen und Widrigkeiten kämpfen. Der Alltag hält viele Überraschungen bereit, die Sie Energie, Zeit und Geld kosten. Wenn Sie in einer solchen Phase sind, machen Sie sich immer wieder bewusst, warum Sie Ihre Entscheidung getroffen haben. Wenn einzelne Etappenziele schwieriger werden als erwartet, hilft der Gedanke an das übergeordnete Ziel, durchzuhalten und Probleme zu lösen. Nehmen Sie jedes Etappenziel, das Sie erreichen, auch zum Anlass, Ihr großes Ziel noch einmal zu überdenken – und feiern Sie Ihren Erfolg. Gönnen Sie sich eine kleine

ÜBUNG

So loben Sie sich selbst

Jede bewältigte Schwierigkeit, jede gelöste Aufgabe ist es wert, gewürdigt zu werden. Vergessen Sie den Spruch »Eigenlob stinkt«, bringen Sie sich selbst und Ihrem Erfolg das richtige Maß an Wertschätzung entgegen – vor allem, wenn es sonst keiner tut. Dabei hilft die »90-Grad-Übung«:

- Strecken Sie den rechten Arm aus und winkeln Sie ihn um 90 Grad an.
- Klopfen Sie sich dann mit der rechten Hand auf die linke Schulter. Schon allein beim Gedanken daran lächeln Sie, und es geht Ihnen sofort besser.
- Gönnen Sie sich diese kleine Portion Eigenlob im tristen Alltag und tun Sie sich selbst etwas Gutes.

Pause und verweilen Sie in dem schönen Hafen, in dem Sie angekommen sind. Genießen Sie das Gefühl und loben Sie sich selbst dafür, dass Sie so tapfer durchgehalten haben und weiter vorangeschritten sind.

Wenn Sie auf einer Etappe das Gefühl haben, dass jeder Schritt besonders schwer fällt, reicht ein Eigenlob vielleicht nicht aus. Brauchen Sie mehr Motivation? Dann führen Sie ein Erfolgstagebuch: Schreiben Sie jeden Abend auf, was Sie alles geleistet haben. Das hilft Ihnen, einzelne Schritte bewusst zu gehen und den Erfolg zu genießen.

Sie sollten diese Aufzeichnungen allerdings nicht länger als drei Wochen am Stück führen, sonst besteht die Gefahr, dass Sie zu sehr von Ihren Leistungen eingenommen werden und abheben. Ihnen ist der Aufwand, alles aufzuschreiben, zu groß? Dann können Sie auch einfach am Abend direkt vor dem Einschlafen die Tageserfolge noch einmal vor Ihrem geistigen Auge vorüberziehen lassen. Sie schlafen dann mit einem guten Gefühl entspannt und zufrieden ein.

Wenn Sie Teilerfolge wahrnehmen, motivieren Sie sich immer wieder neu, am Ball zu bleiben und auch schwere Phasen zu bewältigen. Genießen Sie das gute Gefühl, ein Etappenziel erreicht zu haben. Rücken Sie die positiven Aspekte in den Vordergrund. Können Sie fühlen, wie Ihr Selbstbewusstsein mit jeder »bestandenen Prüfung« gestärkt wird und Sie Schritt für Schritt vorankommen?

Mit Vorstellungskraft zum Erfolg

Fällt es Ihnen im Moment schwer, sich auf Ihre Etappenziele zu konzentrieren, oder haben Sie trotzdem Angst, dass Sie es nicht schaffen werden, Ihre Entscheidung umzusetzen? Jeder von uns ist mal pessimistisch, und wahrscheinlich stellen Sie sich Ihre Zukunft zu negativ vor.

Oft versuchen wir allein mit einem starken Willen das Ziel zu erreichen. Doch nur wenn Sie Ihren Willen und Ihre Vorstellungskraft in die gleiche Richtung lenken, können Sie beide Kräfte nutzen. Der Schlüssel dazu ist jedoch die Vorstellungskraft. Das liegt daran, dass wir sie eher beeinflussen können als unsere Willensstärke.

Indem Sie positiv über die Dinge reden und denken, die Sie tun werden, programmieren Sie sich auf Erfolg. Statt zu sagen »Morgen sollte ich eigentlich mal wieder an den Schreibtisch«, formulieren Sie so: »Morgen werde ich von 14 bis 16 Uhr am Schreibtisch BWL lernen.« Je konkreter und positiver Sie Ihre Ziele formulieren oder sich vorstellen, desto höher ist die Wahrscheinlichkeit, dass Sie den Plan umsetzen. Sprachliche Weichmacher wie »könnte«, »sollte«, »müsste«, »eigentlich«, »vielleicht« und »irgendwie« verwässern Ihre Zielsetzung und schwächen damit die Antriebskraft. Bleiben Sie sich selbst gegenüber also verbindlich und eindeutig. Nur wenn Sie klar denken, können Sie sich auch klar ausdrücken.

Das zweite Erfolgsgeheimnis liegt darin, Ihre Vorstellung zum Positiven zu verändern. Wenn Sie vor sich sehen, wie Sie stöhnend am Schreibtisch sitzen, und sich selbst vorrechnen, wie viele Vokabeln Sie noch nicht können, wird das kaum Ihren Willen bestärken, mit Spaß und Freude zu arbeiten. Stellen Sie sich lieber vor, wie Sie am Schreibtisch sitzen und schon die Hälfte der Vokabeln gelernt haben.

Dieses Bild wird Sie eher an den Schreibtisch und damit näher an Ihr Ziel bringen. Wenn Sie Ihre Vorstellungskraft auf diese Weise beeinflussen, können Sie die daraus entstehende Energie wie beim Visualisieren (→ Seite 16) zu Beginn des Entscheidungsprozesses nutzen. Auch bei der Umsetzung hilft Ihnen diese Technik weiter, damit Sie nicht aufgeben, sondern am Ball bleiben.

Ein Bild, das motiviert

Gehören Sie zu den eher visuell geprägten Menschen, die sehr gut auf Bilder reagieren und über eine starke Vorstellungskraft verfügen? Dann probieren Sie aus, ob Sie ein Bild, das für Sie ganz persönlich

TIPP

Motivieren Sie sich mit Erinnerungsknubbelchen

→ Sie stehen vor einem neuen Schritt im Umsetzungsprozess und brauchen Motivation? Dann schreiben Sie auf einen Zettel, was Sie zu tun haben, und zerknüllen Sie ihn. Legen Sie dieses Knubbelchen zu Ihrem Hausschlüssel oder Ihrem Handy. Immer wenn Sie nach einem der Gegenstände greifen, berühren Sie das Knubbelchen. Mehrmals täglich erinnert es Sie an den Schritt, den Sie machen wollen. Wenn Sie ihn hinter sich gebracht haben, dürfen Sie das Papierkügelchen entsorgen. Vielleicht löst es sich nach einer Weile auch einfach in Ihrer Handtasche auf. Wenn Sie bemerken, dass Ihnen etwas fehlt, wenn Sie in die Tasche greifen, ist es an der Zeit, das nächste Knubbelchen anzufertigen.

Ihre Entscheidung darstellt, schaffen können – am besten natürlich eines, das mit positiven Gefühlen verbunden ist.

Eine Möglichkeit besteht darin, dass Sie Ihre zukünftige Situation ausmalen und diese Vorstellung im Kopf festhalten. Wenn Sie zum Beispiel nach einigen Jahren als Hausfrau und Mutter wieder in den Beruf zurückkehren, könnte Ihr Bild so aussehen: Sie sitzen angemessen gekleidet und zusammen mit Ihren neuen Kollegen im Büro. Ihre Arbeit erledigen Sie mit Professionalität und Freude, die Atmosphäre ist entspannt, Sie lächeln und fühlen sich wohl. Dieses Bild kann Ihnen in schwierigen Situationen Kraft geben, denn Sie sehen sich selbst, wie Sie motiviert und zufrieden einen neuen »Lebensraum« gefunden haben, in dem Sie sich gemeinsam mit anderen weiterentwickeln werden.

Ebenso gut können Sie ein Szenario herstellen, das sich fotografieren lässt. Hängen Sie das Bild davon an einer Stelle auf, an der Sie häufig vorbeikommen. Machen Sie zum Beispiel eine Diät, hilft Ihnen vielleicht Folgendes: Hängen Sie ein Bild an die Kühlschranktür, auf dem Sie rank und schlank, also gut in Form, abgebildet sind. Sicher werden Sie auch bei Heißhunger die Kühlschranktür schnell wieder schließen, da Sie beim Öffnen der Tür Ihr Ziel ganz konkret vor sich sehen.

Nutzen Sie diese Technik auf unterschiedliche Weise, lassen Sie Ihrer Kreativität freien Lauf. Auch ein Landschaftsbild kann Ihre Entscheidung symbolisieren. Ein Wasserfall zum Beispiel könnte für Kraft und Dynamik stehen. Eine Straße, die unter blauem Himmel bis zum Horizont führt, könnte Weiterentwicklung, Freiheit und Neues bedeuten. Stecken Sie Ihr Bild in die Handtasche, stellen Sie es neben den PC oder nutzen es als Bildschirmschoner, kleben Sie es an den Spiegel im Bad oder an einen Ort, an dem Sie häufig vorbeikommen. So haben Sie es täglich vor Augen und motivieren sich selbst, diszipliniert und engagiert an der Umsetzung Ihrer Entscheidung zu arbeiten.

Für mehr Verbindlichkeit: der Vertrag mit sich selbst

Vertrauen Sie eher auf Worte? Dann können Sie eine weitere Motivationshilfe nutzen: den Vertrag mit sich selbst. Definieren Sie dazu genau, wie Sie Ihre Entscheidung umsetzen wollen, und schreiben Sie alles auf. Dazu zählen die Zielformulierung, die Etappenziele und die einzelnen Schritte, die Sie tun werden. Jeder Schritt wird mit einem verbindlichen Termin versehen, den Sie sich selbst setzen. Beschreiben Sie auch die inneren und äußeren Hindernisse, mit denen Sie rechnen. Notieren Sie sich zu jedem Hindernis eine Strategie, wie Sie es überwinden wollen. Ebenso gehören die Namen der Menschen in den Vertrag, die Ihnen dabei helfen, Ihre Pläne umzusetzen und Hindernisse zu überwinden.

Betrachten Sie diese Ausführungen als einen Vertrag mit sich selbst und unterschreiben Sie ihn mit Datum und Unterschrift. So erhöhen Sie die Verbindlichkeit sich selbst gegenüber. Ein Formular dazu finden Sie im Service-Teil des Buches auf Seite 154f.

Kopieren Sie diesen Vertrag und geben Sie jeder Person, die Sie unterstützt, ein Exemplar davon. So machen Sie Ihr Vorhaben transparent und sichern sich die nötige Unterstützung. Bitten Sie die anderen darum, Ihnen zu einem bestimmten Zeitpunkt den Vertrag zurückzugeben oder zurückzuschicken – als Erinnerung daran, dass sie an Sie glauben, und als Motivationskick für zwischendurch.

Natürlich hilft der Vertrag Ihnen auch unmittelbar, und zwar als Orientierung, wenn Sie sich im Prozess verloren haben. Lesen Sie immer wieder nach, was Sie wann erreichen wollten, dann wird es Ihnen auch besser gelingen, Teilerfolge zu erkennen und diese zu feiern.

Holen Sie andere Menschen mit ins Boot

Können Sie gut Hilfe von anderen Menschen annehmen? Wenn nicht, sind Sie Einzelkämpfer und haben es schwer, denn ohne Unterstützung sind Sie allein für die konsequente Umsetzung Ihrer Entscheidung verantwortlich. Und die permanente Selbstmotivation kostet sehr viel Energie. Versuchen Sie es einfach einmal, springen Sie über Ihren Schatten und lassen Sie sich helfen. Es gibt sicher viele Menschen in Ihrer Umgebung, die Sie gerne unterstützen.

Nutzen Sie Ihre Chancen und nehmen Sie die Angebote von Freunden, Verwandten, Kollegen und Bekannten an. Sie haben sich entschieden, mehr Sport zu treiben? Es wird Ihnen sicher leichter fallen, den »inneren Schweinehund« zu überwinden, wenn Sie sich mit Freunden verabreden. Wenn Sie schwierige Dinge zu bewältigen haben, ist es schön, wenn Ihnen jemand Mut zuspricht, und wenn Sie erschöpft sind, tut es gut, wenn jemand da ist, der Sie wieder aufbaut.

Sie wissen nicht, ob die Menschen in Ihrem Umfeld bereit sind, Ihnen zu helfen? Dann fassen Sie sich ein Herz und bitten Sie sie aktiv darum. Es gibt Menschen, die dies gerne tun, wenn sie die Gelegenheit dazu bekommen. Machen Sie Ihre Entscheidungen transparent und reden Sie darüber. Das hilft Ihnen, klarer zu werden, hat aber auch den Vorteil, dass Sie andere Menschen nicht vor den Kopf stoßen, da Sie sie bei der Umsetzung Ihrer Entscheidung einbeziehen.

Familie und Verwandte

Sicher haben Sie das auch schon erlebt: Eine große Entscheidung steht an, aber Sie wollen erst einmal alles mit sich selber ausmachen. Doch Ihrem Partner fällt auf, dass Sie in sich gekehrt und auffällig ruhig sind, Ihre Kinder haben Gesprächsfetzen bei einem Telefonat mitgehört. Deswegen sind alle unsicher und letztendlich können Sie Fragen, die die ganze Familie betreffen, doch nicht allein klären. Der andere Weg sähe so aus, sofort alle Familienmitglieder ganz offen in die Diskussion und Entscheidungsfindung einzubeziehen. Doch dann bleibt zu bedenken, dass unausgegorene Überlegungen bei Ihren Mitmenschen unnötig Ängste hervorrufen können.

Wann Sie mit wem worüber reden, liegt natürlich bei Ihnen und hängt sicher auch vom Einzelfall ab. Haben Sie zum Beispiel vom Unternehmen ein Angebot bekommen, ins Ausland zu gehen, werden Sie dies zuerst mit Ihrem Partner besprechen, bevor Sie Ihre Kinder einbeziehen. Denn Sie brauchen selbst Klarheit, bevor Sie genug Argumente gesammelt haben, um überzeugend diskutieren zu können. Bei anderen Entscheidungen wie der Urlaubsplanung ist es sicher sinnvoll, alle Familienmitglieder frühzeitig einzubeziehen, damit möglichst alle Wünsche berücksichtigt werden können und eine Gruppenentscheidung nicht blockiert wird.

Generell gilt: Falls Sie ohne die Unterstützung Ihrer Familienangehörigen einen Plan nicht umsetzen können, sprechen Sie mit den betreffenden Personen frühzeitig darüber. Denn Sie können Ihre Entscheidung eigentlich erst dann treffen, wenn Sie wissen, ob die betreffenden Menschen Ihnen helfen werden. Geht es zum Beispiel darum, dass Sie wieder in den Beruf zurückkehren, sollten Sie im Vorfeld prüfen, ob Ihre Mutter dreimal in der Woche Ihre Kinder betreuen kann und will, falls Sie diese Option bei Ihrer Entscheidungsfindung erwägen.

Bitten Sie Ihre Familienangehörigen um konkrete, klar definierte Hilfe bei der Umsetzung und lassen Sie sie mitdiskutieren und mitentscheiden, wie ihre Unterstützung aussehen kann. Oft haben andere Menschen interessante Ideen, die über die eigenen Vorstellungen hinausgehen. Außerdem werden sie Ihnen lieber zur Seite stehen, wenn sie selbst entscheiden können, wie sie sich einbringen.

Menschen, die Ihnen nahe stehen, sind eine wichtige Stütze bei der Umsetzung Ihrer Entscheidung. Denn sie geben Ihnen Kraft, motivieren Sie und fangen Sie auf, auch wenn einmal etwas schief geht. Zudem erfahren Sie durch diese Nähe nicht nur intensive Unterstützung, sondern auch unmittelbare emotionale Kritik. Diese ungefilterte Rückmeldung wird Sie darauf hinweisen, falls Schwierigkeiten und Konflikte auftauchen, die Sie vielleicht noch nicht sehen. Und das gibt Ihnen die Möglichkeit, frühzeitig gegenzusteuern.

Vorgesetzte und Kollegen

Für Entscheidungen, die Ihre Arbeit betreffen, ist auch die Unterstützung Ihrer Vorgesetzten und Kollegen notwendig. Haben Sie zum Beispiel zusammen mit Ihrer Familie entschieden, unter keinen Umständen ins Ausland zu gehen, brauchen Sie nach wie vor den Rückhalt Ihres Vorgesetzten. Denn Sie wollen ja nicht, dass sich dieser Entschluss nachteilig auf Ihre Karriere auswirkt.

Oder Sie wollen eine berufsbegleitende Ausbildung machen. Dann sind Sie auf die Hilfe Ihres Vorgesetzten angewiesen, da er derjenige ist, der die Weiterbildung bewilligt und mitträgt. Er muss akzeptieren, dass Sie vielleicht weniger oft Überstunden leisten können. Auch Ihre Kollegen sind betroffen, denn schließlich werden sie bei Engpässen für Sie einspringen. Unterstützung in dieser Form zu bekommen, ist nicht immer einfach, denn es gibt bestimmt auch in Ihrer Umgebung Neider, die Ihnen das berufliche Fortkommen einfach nicht gönnen.

Die Menschen in Ihrem Arbeitsumfeld werden Ihre Entscheidungen besser verstehen und leichter annehmen, wenn Sie darüber sprechen. Haben Sie sich zum Beispiel entschieden, nicht mehr immer und allem zuzustimmen, sondern in Zukunft gezielt und begründet Nein zu sagen, dann kündigen Sie diese Verhaltensänderung an. Sie stoßen andere Menschen sonst möglicherweise vor den Kopf.

Doch wenn alle Kollegen und Vorgesetzten Bescheid wissen, dass Sie konsequenter werden wollen und das Neinsagen üben, werden sich Ihre Mitmenschen nicht gleich persönlich angegriffen fühlen. Vielmehr werden sie Ihr Nein leichter akzeptieren, da sie den Hintergrund Ihres Verhaltens kennen.

Bitten Sie Kolleginnen und Kollegen auch in anderer Form um Unterstützung. Wenn Sie sich vorgenommen haben, in Meetings aktiver Ihre

TIPP

Zeigen Sie Ihre Wertschätzung

→ Bringen Sie den Kolleginnen und Kollegen, die Sie unterstützen und für Sie einspringen, besondere Wertschätzung entgegen. Es ist keine Selbstverständlichkeit, die Arbeit anderer zu übernehmen. Schon gar nicht, wenn dafür in absehbarer Zeit keine Gegenleistung zu erwarten ist. Überlegen Sie sich ganz genau, worum Sie andere Menschen bitten und was Sie Ihnen als Ausgleich anbieten können. Falls Ihnen im Moment nichts einfällt, dann betrachten Sie die Unterstützung als Geschenk – und würdigen Sie es auf besondere Art. Danke zu sagen ist das Mindeste, und kleine Aufmerksamkeiten zeigen den Menschen, die Sie unterstützen, dass Sie ihre Hilfe wahrnehmen und wertschätzen.

Meinung einzubringen, fragen Sie andere Anwesende, ob sie Ihnen ein anschließendes Feedback geben. Wollen Sie Ihre Vorschläge in Meetings durchsetzen, diskutieren Sie Ihre Ideen vorab mit Kolleginnen und Kollegen, um sie dann später tatsächlich einzubringen.

Nehmen Sie die vielfältigen Möglichkeiten, wie Sie sich unterstützen lassen können, in Anspruch. Bedenken Sie, dass der Weg für Einzelkämpfer oft beschwerlicher ist und die Erfolgsaussichten deutlich geringer sind als für ein Team.

Ihr Freundeskreis

Das Schöne an guten Freunden ist, dass sie einem ehrlich die Meinung sagen. Sprechen Sie deshalb mit Menschen, die Ihnen nahe stehen, sowohl über die Entscheidungsfindung als auch über die Umsetzung. Sich schon während Ihrer Vorüberlegungen mit den kritischen Stimmen Ihrer Freunde auseinander zu setzen, ist in mehrfacher Hinsicht hilfreich: Die Gedanken, Ideen und Bedenken anderer tragen dazu bei, dass Sie Konsequenzen besser abschätzen können. Auf diese Weise umgehen Sie Entscheidungsfallen und können darüber hinaus mehr Entscheidungsalternativen entwickeln.

Wichtig ist aber, dass Sie sich nicht in unerquickliche Diskussionen verwickeln lassen und versuchen, andere auf Biegen und Brechen von Ihrem Standpunkt zu überzeugen. Darum geht es in dieser Situation nicht. Hören Sie sich lieber die Meinungen Ihrer Freunde an und versuchen Sie, sie nachzuvollziehen, statt einfach dagegen zu reden. Vielleicht ist Ihnen auch schon einmal beim Zuhören oder auch beim Erzählen ein Licht aufgegangen und Sie haben von ganz alleine gemerkt, in welche Denkfalle Sie geraten sind. Nehmen Sie solche Momente ganz bewusst wahr, denn Sie können davon nur profitieren.

Auch wenn Ihre Freunde anderer Meinung sind als Sie, vergessen Sie nicht, dass letztendlich Sie entscheiden. Es ist wichtig, dass Sie dabei Ihre Werte und Normen berücksichtigen, Ihre Bedürfnisse und Vor-

TIPP

Der Weg zurück

→ Sobald Sie das Gefühl haben, sich im Verlauf des Entscheidungsprozesses von sich selbst zu entfernen, gibt es einen einfachen Weg zurück: Nutzen Sie nach Gesprächen mit Freunden solche Entscheidungstechniken, die Sie Ihren Gefühlen wieder näher bringen, und praktizieren Sie die Übung zur inneren Achtsamkeit (→ Seite 80). So werden Sie Ihre eigenen Empfindungen nicht außen vor lassen, sondern diese ganz sicher in Ihre Entscheidung einbeziehen.

stellungen nicht außen vor lassen. Nur dann sind andere Standpunkte hilfreich. Sie lassen sich leicht beeinflussen und wissen nur wenig über sich selbst und Ihre Gefühle? Vorsicht, denn dann geraten Sie in Gefahr, die Meinung anderer zu übernehmen – und gegen Ihre inneren Stimmen zu entscheiden. Das kann vor allem dann geschehen, wenn Sie mit Menschen sprechen, die Ihnen sehr nahe stehen und die Ihnen besonders wichtig sind. Sie können diese Entscheidungsfalle vermeiden, indem Sie einer einfachen Empfehlung folgen: Bleiben Sie bei sich selbst, hören Sie in sich hinein und nehmen Sie wahr, was Ihre innere Stimme zu sagen hat.

Ihr Freundeskreis ist ein Netzwerk, das viele Möglichkeiten der Unterstützung bietet: Sie brauchen Informationen? Wenden Sie sich mit Ihren Fragen an Ihre Freunde. Selbst wenn diese nicht weiterhelfen können, kennen sie vielleicht jemanden, der mehr über ein bestimmtes Thema wissen könnte. Sie brauchen Hilfe? Fragen Sie nach, Sie werden sicher jemanden finden, der Sie unterstützt. Das Schlimmste, was passieren kann, ist, dass Sie ein Nein als Antwort bekommen. Sie brauchen dringend ein Feedback? Gerade Ihre Freunde können Ihnen eine ehrliche Rückmeldung geben, denn sie stehen Ihnen nahe, können aber meist auch in schwierigen Situationen die notwendige Objektivität aufbringen. Unter Freunden fällt es zudem leichter, sich für die Unterstützung in irgendeiner Form zu revanchieren. Nehmen Sie Hilfe an, wenn Sie sie brauchen, und geben Sie Unterstützung, wo sie benötigt wird.

Bleiben Sie sich und Ihren Entschlüssen treu

Nicht immer fällt es leicht, eine Entscheidung standhaft zu vertreten. Stellen Sie sich vor, dass Sie Ihren vierzigsten Geburtstag nur mit Ihrem Partner oder Ihrer Partnerin feiern wollen. Sie möchten ein Verwöhn-Wochenende in einem schönen Hotel verbringen. Damit ersparen Sie sich den Vorbereitungsstress für eine große Feier, sparen Geld, tun etwas für Ihre Gesundheit und für Ihre Partnerschaft – Sie finden diese Entscheidung rundum gut.

Als die ersten Anfragen kommen, was Sie sich zum Geburtstag wünschen und ob es eine Feier geben wird, merken Sie an den Reaktionen Ihrer Freunde und der Familie, dass viele dieser Menschen mit Ihrer Entscheidung ganz offensichtlich nicht einverstanden sind. Schließlich haben alle anderen ihren runden Geburtstag groß gefeiert und auf deren Partys hatten auch Sie viel Spaß. Wollen Sie Ihren Freunden und Verwandten diesen Genuss verwehren?

Ihre Eltern sind geradezu entsetzt. Wie können Sie einfach an einem so wichtigen Geburtstag verschwinden und weder für sie noch für die eigenen Kinder greifbar sein? Ein solches Verhalten gehört sich ihrer Meinung nach einfach nicht.

In solchen und ähnlichen Situationen gilt es, Standhaftigkeit zu zeigen und der eigenen Entscheidung treu zu bleiben. Sie können Freunde und Verwandte um Verständnis bitten, deren Ärger und Enttäuschung verstehen oder auch die Beweggründe für Ihre Entscheidung erläutern. Aber Sie können nicht erwarten, dass Ihre Mitmenschen Ihren Entschluss einfach ohne Kritik hinnehmen. Geben Sie diesen Menschen die Gelegenheit, sich mit Ihren Entscheidungen auseinander zu setzen. Kalkulieren Sie Anfechtungen von vornherein ein und lernen Sie, bewusst mit Kritik umzugehen.

Rechnen Sie mit Anfechtungen

Wenn sich durch Ihre Entscheidung für andere Menschen etwas ändert oder sich sogar Nachteile ergeben, ist es nur natürlich, dass sie dies nicht widerstandslos akzeptieren. Die Erwartung, dass Ihre Mitmenschen in Begeisterung ausbrechen oder Ihre Pläne wenigstens kommentarlos hinnehmen, ist unrealistisch. Machen Sie sich daher von vorneherein auf Anfechtungen und Kritik gefasst und überlegen Sie, wie Sie damit umgehen wollen. Nehmen Sie sie in Kauf, nehmen Sie sie an, oder weisen Sie sie zurück, wenn sie unberechtigt ist? Je besser Sie sich auf Anfechtungen vorbereiten, desto überlegter können Sie reagieren.

Machen Sie sich auch bewusst, dass Kritik zu unterschiedlichen Zeitpunkten auftauchen kann. Wird sie schon vor Ihrer Entscheidung geäußert, können Sie anders mit ihr umgehen und – wenn Sie wollen – für einen Interessenausgleich sorgen oder andere Lösungen entwickeln.

In solchen Fällen können Sie die Befürchtungen Ihrer Mitmenschen aufgreifen, sie zerstreuen oder zu den Konsequenzen stehen. Sagen Sie

TIPP

Vorüberlegungen

→ Denken Sie vorab darüber nach, wer von Ihrer Entscheidung wie betroffen ist und wer wie reagieren könnte. Was verlieren die Betroffenen? Macht, Einfluss, Geborgenheit, Bequemlichkeit oder Sicherheit? Und was gewinnen sie vielleicht? Malen Sie sich unterschiedliche Szenarien aus und entwickeln Sie Strategien, wie Sie mit den unterschiedlichen Menschen und deren Kritik umgehen wollen. Stecken Sie auch Ihre ganz persönlichen Grenzen ab, inwiefern Sie sich von den Anfechtungen überhaupt beeinflussen lassen.

zum Beispiel: »Ja, es wird für dich umständlicher oder aufwändiger, wenn ich meine Entscheidung umsetze. Ich bitte dich aber um Verständnis und Unterstützung, denn mein Anliegen ist mir sehr wichtig!«

Bei manchen Entscheidungen sind die dauerhaften Folgen nicht bis ins Detail vorhersehbar. So wird Kritik an Ihrer Entscheidung vielleicht auch erst im Nachhinein laut. Dann gilt es, sie anzunehmen und Lösungen für die aufgetauchten Probleme zu suchen. Ein Vorwurf wie: »Du hast doch gesagt, dass du meine Entscheidung mitträgst, und jetzt fällst du mir in den Rücken« ist unangebracht und trägt nicht dazu bei, einen Konflikt zu lösen. Betrachten Sie deshalb Kritik differenzierter und als Chance, eine Situation zu verbessern.

Der richtige Umgang mit Kritik

Lernen Sie, zwischen konstruktiver und unannehmbarer Kritik sowie berechtigter und unberechtigter Kritik zu unterscheiden. Dann können Sie mit jeder Form von Anfechtung angemessen umgehen.

Konstruktive Kritik

Konstruktive und annehmbare Kritik, die während des Entscheidungsprozesses geäußert wird, hilft Ihnen, Schwierigkeiten zu überwinden. Denn sie weist Sie nicht nur auf Probleme hin, sondern bietet auch Lösungen an. Bei der Umsetzung kann diese Kritik ebenfalls unterstützend wirken. Doch leider beherrschen die wenigsten Menschen die Kunst der konstruktiven Kritik und formulieren Vorwürfe statt Vorschläge. Auf der anderen Seite können viele Menschen nicht gut mit Kritik umgehen. Auch wenn es Ihnen noch schwer fällt: Versuchen Sie, Kritik wenigstens anzuhören, selbst wenn sie als Vorwurf formuliert ist. Erarbeiten Sie dann gemeinsam mit Ihrem »Kritiker« eine Lösung, denn fast jede Kritik enthält einen wahren Kern. So lernen Sie, Kritik sinnvoll zu nutzen.

Erfahrungsbericht

Karins Entscheidung hat Folgen

Karin hat sich entschieden, als Tagesmutter zu arbeiten. Gemeinsam mit ihrem Mann Otto hat sie zwei Tätigkeiten in einer Entscheidungsmatrix gewichtet, und diese Variante der Erwerbsarbeit erschien beiden als eine sinnvolle und machbare Option.

Doch plötzlich hört Karin Vorwürfe: »Du bist abends immer so geschafft, der Haushalt ist auch viel unordentlicher, und für mich hast du gar keine Zeit mehr.«

Karin ist entsetzt, denn schließlich hat Otto die Entscheidung auch befürwortet und versprochen, sie mitzutragen. Allerdings hatten beide nicht überlegt, worauf sie verzichten müssen. Sie konnten nicht vorhersehen, welche Belastung die Arbeit als Tagesmutter mit sich bringt. Sie konnten zwar ausrechnen, wie viele Stunden weniger sie für die Arbeiten im Haushalt und andere Verpflichtungen haben würden. Doch hatten sie nicht darüber nachgedacht, wie wenig Energie für andere Aktivitäten nach einem anstrengenden Arbeitstag übrig bleiben würde.

Sicher wäre die Unterhaltung anders verlaufen, wenn Otto gesagt hätte: »Du, ich bin mit der jetzigen Situation unzufrieden. Wir haben nicht bedacht, dass du jetzt weniger Zeit für den Haushalt hast, und ich fühle mich abends in der Unordnung unwohl, lass uns überlegen, wie wir den Haushalt besser organisieren können.«

Dann hätte auch Karin anders reagiert, vielleicht so: »Du, mir geht es auch so. Hast du schon eine Idee, wie wir das besser organisieren können?«

Karin und Otto haben sich erst einmal beruhigt und kamen dann auch auf die Idee, in Ruhe über den Konflikt zu sprechen. Gemeinsam haben sie eine Lösung erarbeitet und den Ärger aus der Welt geschafft.

Unannehmbare oder versteckte Kritik

Diese Form der Kritik hat es gleich mehrfach in sich. Denn sie enthält moralische Wertungen, Unterstellungen oder weit hergeholte Befürchtungen. Sie wird kaum zum Problem, wenn Sie ganz sicher sind, dass Ihre Entscheidung richtig ist. Doch wenn Sie selbst zweifeln, sind Sie besonders empfänglich für derartige mehr oder weniger versteckte Botschaften. Steht Ihnen der Mensch, der sich in dieser Weise äußert, nicht sehr nahe, reagieren Sie mit einer kurzen Antwort, um die Kritik abzuweisen: »Das sehe ich anders« oder »Da bin ich anderer Meinung.« Lassen Sie sich auf keine Diskussionen ein.

Ist Ihnen der Kritisierende dagegen sehr wichtig, kommen Sie nicht umhin, sich mit seinen Befürchtungen zu befassen. Dringen Sie zum Kern der Kritik vor, indem Sie nachfragen. Hinter dem Vorwurf: »Immer bist du abends zu müde, um noch etwas zu unternehmen« kann zum Beispiel der Wunsch nach mehr Gemeinsamkeit stecken. Meist folgt darauf eine Rechtfertigung: »Kein Wunder, dass ich müde bin, bei dem Arbeitspensum.« Wer so antwortet, löst schnell einen Streit aus. Fragen Sie lieber, was der andere sich wünscht. Überlegen Sie dann gemeinsam, was Sie gerne unternehmen möchten und wie sich dies organisieren ließe. Ist die Kritik vom Partner unannehmbar formuliert, reden Sie über Ihre Gefühle. Sagen Sie, dass Sie sich verletzt fühlen, und bitten Sie ihn um konstruktive Kritik.

Wer gelassen auf massive Anschuldigungen reagieren möchte, braucht viel Geduld, gute Vorbereitung und Wohlwollen gegenüber der kritisierenden Person. Arbeiten Sie daran, der Aufwand lohnt sich. Akzeptieren Sie, dass Ihre Entscheidungen bei anderen Ängste und Unmut auslösen können. Überlegen Sie sich, was Sie an diesen Menschen schätzen, und reagieren Sie mit Verständnis statt mit Ärger. Ansonsten kann es leicht passieren, dass Sie deren Unterstützung verlieren oder sich ein langfristig belastender Konflikt nicht vermeiden lässt.

Unberechtigte Kritik

Sehr schnell sagt Ihnen Ihr Gefühl, ob Kritik berechtigt ist oder nicht. Denken Sie aber auch kurz über die Fakten nach. Wenn sich dabei bestätigt, dass Ihr Gefühl Sie nicht trügt, dann weisen Sie unberechtigte Kritik sofort zurück. Achten Sie jedoch darauf, möglichst kurz und prägnant zu argumentieren. Werden Ihre Ausführungen zu ausführlich, tappen Sie schnell in die Rechtfertigungsfalle. Damit bieten Sie aber neue Angriffsflächen und haben das kleine Machtspielchen schon verloren. Unter Umständen kann ein solches Gespräch endlos und nervenaufreibend für alle Beteiligten werden. Lassen Sie sich keinesfalls darauf ein.

Stellen Sie sich vor, Ihr Partner sagt, dass Sie unüberlegt gehandelt hätten. Sie finden diese Kritik unberechtigt, da Sie sich vorher intensiv mit Ihrer Entscheidung auseinander gesetzt haben. Wie reagieren Sie? Mit einer Behauptung wie »Das stimmt doch überhaupt nicht!« gehen Sie in die Konfrontation, irgendwann steht Aussage gegen Aussage.

Reagieren Sie stattdessen flexibel. »Mag sein, dass das für dich so aussieht. Aus meiner Sicht ist die Entscheidung gut überlegt.« So lassen Sie der anderen Person ihre Meinung und stellen ihr aber Ihre eigene gegenüber. Wenn Sie nicht weiter über das Thema sprechen möchten, erklären Sie warum und diskutieren nicht weiter.

Wollen Sie trotz der unberechtigten Kritik ein Gespräch anbieten, fragen Sie nach, was Ihr Gesprächspartner anders gemacht hätte. Mit dieser Frage fordern Sie ihn auf, Stellung zu beziehen. So landen Sie nicht in der Rechtfertigungsposition und erfahren gleichzeitig mehr über die Kritikpunkte. Nutzen Sie diese Informationen für Ihren Lernprozess.

Berechtigte Kritik

Bei der Umsetzung Ihrer Entscheidung merken Sie oft selbst, dass es Haken und Ösen gibt, dass Dinge anders laufen als geplant und dadurch zwangsläufig Konfliktpotenzial entsteht. Bekommen Sie dann Kritik zu hören, ist es wichtig, falschen Stolz zu überwinden. Gehen Sie offen und ehrlich mit dem Gesagten um. Reden Sie das, was schief gelaufen ist, nicht schön. Springen Sie lieber über Ihren Schatten und sagen Sie: »Ja, das ist richtig, das habe ich nicht bedacht. Ich ärgere mich selbst darüber.« Damit puffern Sie die Kritik ab und nehmen selbst aggressiven Angreifern den Wind aus den Segeln. Mit jeder Ausrede würden Sie Öl ins Feuer gießen. Nur indem Sie klar zu Ihren Fehlern stehen, verschaffen Sie sich die Möglichkeit nachzubessern und auch dabei Unterstützung zu bekommen. Denn meist sind die Betroffenen ebenfalls daran interessiert, dass sich die unerfreuliche Situation zum Guten wendet.

Bereiten Sie sich auf Kritik vor, dann fällt es Ihnen leichter, souverän zu reagieren. Doch es gibt immer noch genug Situationen, in denen Sie überrumpelt werden. Wenn Sie nicht sofort antworten können, bitten Sie um Bedenkzeit. Diese Strategie ermöglicht Ihnen, einen überlegten, souveränen Umgang mit überraschender Kritik, und die Diskussion wird sinnvoller.

Schwierige Situationen gekonnt meistern

Kein Mensch hat gerne Probleme. Was hilft? Arbeiten Sie an Ihrer Einstellung. Lassen Sie sich dazu auf ein Spielchen mit dem Wort »Problem« ein: Ein »<u>pro</u>-blem« ist *für* Sie. Wäre es *gegen* Sie, wenn es sich um ein »<u>contra</u>-blem« handelte? Neue Betrachtungsweisen helfen, auch schwierige Situationen mit Humor zu meistern. Sie können Ihr Denken auch ändern, indem Sie das Wort »Problem« beispielsweise durch Aufgabe, Fragestellung oder Herausforderung ersetzen. Sie erleichtern sich den Zugang zum Problem und zur Lösung, wenn Sie die Situation sprachlich versachlichen.

Diese Ansätze sind hilfreich, um Ihre Entscheidung positiv zu beeinflussen. Doch oft braucht es noch mehr, um tatsächlich Lösungen herbeizuführen und »pro-bleme« zu bewältigen. Sie haben Methoden kennen gelernt, um Schwierigkeiten von vornherein zu erkennen und ihnen entgegenzuwirken. Doch was können Sie tun, wenn Ihre Befürchtungen tatsächlich eintreffen oder Unvorhergesehenes geschieht?

Lassen Sie sich auf keinen Fall entmutigen, sondern zeigen Sie sich selbst, was Sie können, und stellen Sie sich den Herausforderungen, die auf Sie zukommen könnten. Die Instrumente dafür haben Sie bereits in der Hand, Sie brauchen Sie nur noch einsetzen.

- Andere Menschen kritisieren Ihre Entscheidung. Lernen Sie, sachliche von unsachlicher Kritik zu unterscheiden und mit ihr angemessen umzugehen (→ Seite 121).
- Bei einzelnen Umsetzungsschritten läuft es nicht rund. Finden Sie heraus, wo die Schwierigkeit liegt, und entwickeln Sie Alternativen. Suchen Sie mit den Denkhüten (→ Seite 92) oder der Walt-Disney-Technik (→ Seite 147) nach neuen Ansätzen und Lösungen.
- Ihre Zeit reicht nicht? Prüfen Sie Ihr Zeitmanagement oder verhandeln Sie den Zeitrahmen mit sich und den anderen Betroffenen neu.
- Ihr Geld wird knapp? Nehmen Sie sich Ihre Ausgaben vor und entwickeln Sie Sparmaßnahmen. Denken Sie nach, ob und wie Sie zusätzlich Geld verdienen können. Bitten Sie Familienangehörige um Unterstützung. Reduzieren Sie den Umfang der notwendigen Investitionen.
- Ihre Energie lässt nach? Sehen Sie sich nach Tankstellen um. Halten Sie sich bewusst von Menschen fern, die Ihnen Energie rauben, sondern suchen Sie mehr Kontakt zu denjenigen, die Ihnen Kraft geben. Erstellen Sie außerdem eine Liste mit Maßnahmen, die Ihnen gut tun würden. Wählen Sie eine davon aus, die Sie in der jeweiligen Situation realisieren können.
- Ihre Unterstützung funktioniert nicht so wie vereinbart? Klären Sie dies in Gesprächen unter vier Augen oder in der Familienkonferenz.

Erinnern Sie Ihre Unterstützer an die getroffenen Vereinbarungen und verhandeln Sie Alternativen, wenn die Absprachen nicht eingehalten werden können.

→ Sie sind mit den Einzelergebnissen unzufrieden? Überdenken Sie Ihre Ansprüche an sich selbst. Haben Sie Ihre Messlatte in unerreichbarer Höhe angesetzt? Dann hängen Sie sie ein wenig tiefer.

→ Die Situation entwickelt sich anders als geplant? Kontrollieren Sie, ob Ihr Plan realistisch war. Korrigieren Sie ihn, auch Umwege führen zum Ziel.

→ Sie zweifeln daran, dass Ihre Entscheidung richtig ist? Schauen Sie sich den Entscheidungsprozess noch einmal genau an. Erforschen Sie anschließend Ihre Gefühle mithilfe der inneren Achtsamkeit (→ Seite 79).

→ Andere haben die Macht, gegen Sie zu entscheiden? Akzeptieren Sie dies, wenn Sie es nicht ändern können. Überprüfen Sie aber genau, wie Ihr Handlungsspielraum aussieht. Entwickeln Sie dann Alternativen zu den Aspekten, die sich Ihrem Einfluss entziehen.

Fallen Ihnen weitere Probleme ein? Dann befinden Sie sich mitten in einem Worst-Case-Szenario (→ Seite 66). Denken Sie es zu Ende und entwickeln Sie Schritt für Schritt Problemlösungen. Und wenn das alles nichts hilft? Dann kann es sein, dass Ihre Entscheidung Sie nicht auf den richtigen Weg geführt hat. Doch keine Bange, auch aus falschen Entscheidungen können Sie lernen, und es gibt immer wieder eine neue Chance, erfolgreich die eigenen Ziele umzusetzen.

TIPP

Drei Alternativen

→ Egal in welcher Situation Sie sich befinden, Sie haben immer drei Möglichkeiten zu handeln:

1. Sie können Dinge verändern, auf die Sie Einfluss haben.
2. Sie können Gegebenheiten akzeptieren, auf die Sie keinen Einfluss haben.
3. Sie können aus Situationen herausgehen, auf die Sie keinen Einfluss haben und die Sie nicht akzeptieren können.

Kurzum: Change it, love it oder leave it.

4

Im Zweifelsfall: Fehler finden, Chancen nutzen

→ Sie haben sich für A entschieden, Ihnen wird aber klar, dass B die bessere Lösung gewesen wäre. Trösten Sie sich: Auch mit den besten Entscheidungstechniken kann es mal vorkommen, dass sich die getroffene Wahl als die falsche entpuppt. Verzagen Sie nicht und bleiben Sie aktiv: Analysieren Sie, was falsch gelaufen ist, und geben Sie neuen Ideen und Denkansätzen eine Chance.

Sind Sie auf dem richtigen Weg?

Bei kleineren Entschlüssen merken Sie meist schnell, ob sie zum gewünschten Erfolg führen. Bei größeren Entscheidungen dauert das oft länger. Einen Anhaltspunkt bekommen Sie, wenn Sie eine Etappe auf Ihrem Weg geschafft haben. Prüfen Sie daher bei jedem Abschnitt nicht nur, ob Sie Ihr Teilziel erreicht haben, sondern auch, ob Sie insgesamt noch auf dem richtigen Weg sind.

Erfahrungsbericht

Hat sich Sandra geirrt?

Sandra will Familie und Arbeit vereinbaren, daher hat sie die Abteilung gewechselt. Erst war sie mit ihrer Entscheidung sehr zufrieden. Doch schon bald beschleichen sie erste Zweifel. Die Arbeit ist weniger anspruchsvoll und langweilt sie. Im Team gibt es wohl seit längerer Zeit Konflikte, und als Neue kann sie nicht verstehen, worum es geht. Das Arbeitsklima ist unangenehm, und sie freut sich, wenn sie nach Hause fahren kann, um dieser Stimmung zu entfliehen. Zudem hat das Team auch noch einen neuen Vorgesetzten bekommen, und die Angst vor einer bevorstehenden Entlassungsrunde schürt Neid und Konkurrenz.

Da sie erst vier Monate in ihrer neuen Abteilung ist, schiebt sie die Gedanken und Gefühle oft beiseite und sagt sich, dass sich diese Anfangsschwierigkeiten sicher überwinden lassen. Doch wenn sie ehrlich ist, spürt sie auch, dass schon bald eine Entscheidung wegen ihrer Arbeit ansteht.

Es gibt verschiedene Arten von Entscheidungen, deren unterschiedliche Folgen sich kurz-, mittel- oder langfristig entfalten. Daher lässt sich keine allgemein gültige Zeitspanne definieren, nach der Sie sicher feststellen können, ob ein Entschluss nun richtig oder falsch war:

- Ob Sie das richtige Auto gekauft haben, merken Sie kurzfristig am Komfort und den Fahreigenschaften, langfristig an der Qualität und den notwendigen Reparaturen.
- Ob Sie sich für den richtigen Urlaubsort entschieden haben, merken Sie erst vor Ort.
- Ob sich der Besuch eines Seminars lohnt, stellen Sie erst fest, während Sie daran teilnehmen.
- Ob die Entscheidung, dieses Buch zu kaufen, richtig war, merken Sie kurzfristig am Spaßfaktor und Informationsgehalt. Den langfristigen Nutzen erkennen Sie, wenn Sie einige Techniken ausprobiert haben und Ihnen diese im Alltag bei der Entscheidungsfindung helfen.
- Ob es besser ist, dass Sie in der alten Wohnung geblieben sind, lässt sich nicht überprüfen. Denn ob Ihnen ein neues Zuhause besser gefallen hätte, weiß niemand.
- Ob die Entscheidung für eine Haushaltshilfe richtig war, merken Sie, sobald Sie sich über die Qualität ihrer Arbeit auch wirklich ein Urteil erlauben können.

Wie Sie sehen, ist die Bandbreite groß. Doch wie lange dürfen Sie auf den Erfolg warten? Bei der Einschätzung, wann der richtige Zeitpunkt gekommen ist, spielen innere und äußere Anzeichen eine Rolle.

Signale, die von außen kommen

Die äußeren Anzeichen einer Fehlentscheidung werden deutlich sichtbar. Sobald Sie bemerken, dass eines oder mehrere dieser Signale auftauchen, prüfen Sie, ob Sie Ihr Ziel weiterverfolgen wollen. Verschließen Sie aber niemals die Augen vor solchen Entwicklungen:

- Mangelnder Erfolg ist das deutlichste Zeichen. Das trifft dann zu, wenn Sie Dingen, die Sie mit Ihrer Entscheidung erreichen wollten, kein Stück näher gekommen sind.
- Starker Widerstand von außen weist ebenfalls auf eine Fehlentscheidung hin. Ganz offensichtlich haben Sie die Menschen, die Sie für die Umsetzung der Entscheidung brauchen, nicht einbezogen, und nun bekommen Sie dafür die Quittung. Reagieren Sie rechtzeitig, bevor sich Freunde oder Kollegen vielleicht ganz von Ihnen abwenden.
- Kritik von anderen kann ein Anzeichen sein. Überlegen Sie jedoch, ob die Kritik wirklich berechtigt ist oder ob Sie lediglich Anfechtungen ausgesetzt sind, weil andere Menschen Vorteile einbüßen müssen oder Ihnen Ihren Erfolg nicht gönnen.
- Behalten Sie auch die Kosten, die mit Ihrer Entscheidung einhergehen, im Auge. Laufen sie aus dem Ruder, dann ist es Zeit, innezuhalten und die Entscheidung zu überprüfen.
- Finanzielle Verluste sind ebenfalls ein Indiz dafür, dass der Preis, den Sie für Ihre Entscheidung zahlen, nicht angemessen ist. Wenn Sie Geld in ein bestimmtes Projekt investieren, haben Sie sicher auch einen Zeitpunkt definiert, bis wann sich dies auszahlen soll. Scheint dieser in immer weitere Ferne zu rücken, überlegen Sie, ob es nicht sinnvoller ist, Ihre Verluste zu begrenzen, als noch mehr Geld zu verlieren.
- Auch persönliche Verluste sprechen eine deutliche Sprache. Spätestens dann, wenn die Familie zu zerbrechen droht, Freunde sich nach und nach abwenden oder die Kollegialität im Team verloren geht, ist es an der Zeit, Ihre Entscheidung zu überdenken.

Wenn Körper und Seele rebellieren

Die inneren Anzeichen, dass etwas mit Ihrer Entscheidung nicht stimmt, sind ebenfalls deutlich zu erkennen. Allerdings auch leichter zu ignorieren. Der erste Anflug von Zweifel wird zur Seite geschoben, das ungute Gefühl ignoriert. Wenn Sie betroffen sind, programmieren Sie sich auf durchhalten, durchziehen, standhaft bleiben, ganz nach dem Motto: »Augen zu und durch«. Genau solches Verhalten führt letztendlich dazu, dass der Körper die Notbremse zieht. Häufig schlägt sich dies in Form einer Krankheit nieder, der Körper zwingt Sie dazu, sich Zeit und Ruhe zu nehmen, um die aktuelle Situation zu überdenken.

Das muss nicht sein! Lassen Sie es auf keinen Fall so weit kommen. Achten Sie auf sich: Hören Sie früher auf Ihre inneren Anzeichen und reagieren Sie rechtzeitig.

Sie sind unsicher, welche Signale Sie als Hinweis auf eine Fehlentscheidung deuten sollen? Sie fragen sich, ob ein Zweifel allein schon ein Indiz ist? Das wohl nicht, denn gerade in schwierigen Umsetzungsphasen tauchen immer wieder Zweifel und Selbstzweifel auf. Beobachten Sie daher Ihre Innenwelt genau und lernen Sie, Ihre Zweifel einzuordnen.

- Wenn Sie wissen, was Ihre inneren Signale (→ Seite 82) bedeuten, fällt es Ihnen leichter, sie zu verstehen und entsprechend zu werten. Ist das Kribbeln im Bauch ein Zeichen für »Achtung« oder für »Stopp«? Sobald Sie ein derartiges Gefühl verspüren, hören Sie auch darauf und prüfen Sie Ihre Entscheidung.
- Körper und Seele geben Ihnen noch weitere Hinweise. Dauernde Erschöpfung, Müdigkeit, schlechte Laune oder gar Krankheit zeigen, dass Sie überfordert sind. Schauen Sie bei solchen Signalen genauer hin: Ist es nur die derzeitige Umsetzungsphase, die Sie besonders viel Kraft kostet? Eine Durststrecke lässt sich überwinden, vielleicht können Sie für zeitweilige zusätzliche Unterstützung sorgen. Hinterfragen Sie aber auch die Entscheidung an sich. Ist der ganze Weg zum Ziel so anstrengend für Sie? Dann stellt sich die Frage, ob der Preis, den Sie für den Erfolg zahlen, angemessen ist.
- Auch wenn Sie anderen gegenüber ständig ein schlechtes Gewissen haben, ist das ein Grund, einmal genauer hinzusehen. Fühlen Sie sich schuldig, weil Sie für die Umsetzung Ihrer Entscheidung viel Zeit auf-

wenden müssen und dadurch weniger Zeit für Familienangehörige und Freunde übrig bleibt? Dann halten Sie inne und überlegen Sie genau, ob Sie diese Mitmenschen tatsächlich zurücksetzen. Auch wenn Sie nur wenig Zeit mit ihnen verbringen, kann diese doch sehr intensiv sein. Sollten Sie aber feststellen, dass Sie die Menschen, die Ihnen wichtig sind, wirklich vernachlässigen, überdenken Sie Ihre Entscheidung gründlich.

→ Weitere Signale geben Ihre inneren Stimmen, indem sie nicht zur Ruhe kommen. Die Diskussion um das Für und Wider einer Entscheidung in Ihrem Kopf nimmt kein Ende. Bei einer guten Entscheidung werden Sie ruhig, Friede kehrt ein, und Sie sind eins mit sich. Bei Fehlentscheidungen verspüren Sie Unruhe, die Zweifel kehren wieder und werden stärker. Hören Sie auf Ihre inneren Stimmen und geben Sie ihnen Raum, denn sie teilen Ihnen möglicherweise Wichtiges mit und helfen dadurch, rechtzeitig anders zu entscheiden.

Wie effektiv sind Ihre Entscheidungen?

Überprüfen Sie an dieser Stelle nicht nur, ob Sie innere und äußere Warnsignale empfangen, sondern auch, wie effektiv Ihre Entscheidungen tatsächlich sind. Nehmen Sie sich Zeit, den Entscheidungsprozess Revue passieren zu lassen, und denken Sie darüber nach, wie Sie eigentlich zu Ihrem Entschluss gekommen sind.

Dies liegt ganz sicher in Ihrem eigenen Interesse, denn auf diese Weise verschaffen Sie sich die Möglichkeit, die einzelnen Prozessschritte nach und nach zu verbessern und damit die Qualität Ihrer Entscheidungen insgesamt zu steigern. Die Frage, die bei diesem Schritt im Vordergrund steht, lautet: »Habe ich das erreicht, was ich wollte?«

- War mein Ergebnis schlechter, als ich es erwartet habe?
- Was hat dazu geführt?

- Habe ich bei meinen Annahmen zu hoch gegriffen?
- Oder waren sie zu negativ?
- Habe ich meine Fähigkeiten falsch eingeschätzt?
- Habe ich Alternativen nicht gesehen oder zu schnell gestrichen?
- Habe ich meine Frage eindeutig formuliert?
- Habe ich die richtigen Prioritäten gesetzt?
- Waren die Ziele wirklich meine Ziele?
- Muss ich das Ergebnis noch in Teilen nachbessern?

Lernen Sie aber nicht nur aus Ihren Fehlern, sondern machen Sie sich auch die guten Aspekte, die Ihnen Ihre Entscheidungen gebracht haben, bewusst.

- Bei welchen Aspekten war das Ergebnis besser als erwartet?
- Welche Faktoren haben zum besseren Ergebnis geführt?
- Was habe ich realistisch eingeschätzt?
- Welche meiner Fähigkeiten habe ich richtig eingeschätzt?
- Was hat mir geholfen, Alternativen richtig zu bewerten?
- Was hat zur klaren Formulierung meiner ganz persönlichen Fragestellung beigetragen?
- Was hat mich bei der richtigen Gewichtung unterstützt?

Ihr Recht auf Fehler

Sie haben in sich hineingehört, nach Hinweisen gesucht, Ihre Entscheidungsfindung überdacht und sind zu dem Ergebnis gekommen, dass Sie eine Fehlentscheidung getroffen haben? Das ist sicher schade, aber kein Weltuntergang. Und Sie können daraus sogar etwas lernen: Denn nur wenn Sie sich zugestehen, dass Sie Fehler machen dürfen, können Sie sich auch ehrlich einen Fehler eingestehen.

> Die Irrtümer des Menschen machen ihn eigentlich liebenswürdig.
>
> [Johann Wolfgang von Goethe | *Deutscher Dichter*]

Wer von sich selbst absolute Perfektion verlangt, hat es ausgesprochen schwer, damit umzugehen. Und die Versuchung, andere Menschen für die eigenen Fehler verantwortlich zu machen oder auch Dinge zu beschönigen, ist groß.

Fehlentscheidungen gehören dazu

Im Alltag führt menschliches Versagen zum Glück selten zu Katastrophen. Diese werden meist durch eine Reihe von Fehlern und Fehlentscheidungen ausgelöst, an denen mehrere Menschen beteiligt sind. Wie viele unserer Entscheidungen haben eine derartige Dimension? Menschen, die tatsächlich schwer wiegende Entscheidungen treffen müssen, sind entsprechend ausgebildet – und machen auch Fehler. Zwar lassen sich die Risiken und Auswirkungen einer Fehlentscheidung verringern, aber absolute Fehlerfreiheit gibt es nicht. Der Umgang mit Fehlern wird einfacher, wenn Sie sie als menschlich ansehen. Jeder Mensch hat ein Recht darauf, Fehler zu machen.

Den eigenen Entscheidungen treu zu bleiben, selbst wenn immer wieder Widerstände auftauchen, erfordert Stärke und Mut. Nicht von den eigenen Fehlentscheidungen zu lassen, signalisiert dagegen Halsstarrigkeit und Uneinsichtigkeit. Der Preis, den Sie dafür zahlen, ist unangemessen hoch.

Bleiben Sie nicht um jeden Preis »stark«, sondern gestehen Sie sich im ersten Schritt offen und ehrlich Ihre Fehlentscheidung ein. Damit schaffen Sie sich eine Grundlage, Ihren Fehler auch nach außen hin einzugestehen und den entstandenen Schaden zu begrenzen. Wenn Sie sich und anderen gegenüber Ihre Fehler zugeben, zeigen Sie damit Ihre persönliche Stärke. Sie wissen ja, der Kopf ist rund, damit das Denken die Richtung wechseln kann. Seien Sie kein Querkopf, aber durchaus ein Querdenker.

Aus Fehlern lernen

Wen bewundern Sie mehr? Denjenigen, der vor anderen Menschen laut und deutlich sagt: »Das war eine Fehlentscheidung«? Oder den, der die Fehlentscheidung schönredet und die Schuld anderen in die Schuhe schiebt? Vor sich selbst und vor anderen Fehler einzugestehen, zeugt von Charakterstärke. Und es beweist die Fähigkeit, Fehler anders als Versagen zu bewerten: Sie sind eine Chance, etwas zu lernen, sie ermöglichen es, etwas zu verbessern, und sie gehören zum täglichen Leben und Arbeiten.

Ein häufiger Fehler, der im Umgang mit falschen Entscheidungen auftritt, ist die Schuldzuweisung, zum Beispiel in dieser Form: »Hättest du damals gesagt, dass ...«, »Hätte ich bloß nicht so voreilig gehandelt« oder »Warum hast du mir nicht gleich gesagt, dass ...«. Machen Sie Schluss damit, sich selbst oder anderen die Schuldfrage zu stellen. Viel sinnvoller und hilfreicher ist es, Verantwortung zu übernehmen und den Blick auf die Möglichkeiten zu richten, die Ihnen noch offen stehen. Fragen Sie sich: »Wie kann ich den Schaden minimieren?«, »Welche Konsequenzen ziehe ich aus dieser Fehlentscheidung?«, »Wie kann ich in Zukunft verhindern, dass das wieder passiert?«, »Was lerne ich aus der jetzigen Situation?«.

Viele Meetings in Unternehmen wären sicherlich effektiver, wenn die Schuldfrage – die immer ein Herumstochern in der Vergangenheit ist – in eine zukunftsweisende Frage umformuliert werden würde: »Wie verhindern wir, dass so etwas noch einmal passiert?« Lautet die

Fragestellung so, können auch Teilnehmer der Diskussion, die für Fehler verantwortlich sind, ihr Wissen und ihre Erfahrung in den Klärungsprozess einfließen lassen. Mit dieser Vorgehensweise wird die Lösung für ein Problem schneller gefunden, da alle beginnen, durch Fehler in der Praxis zu lernen.

ÜBUNG

Das innere Meeting

Auf der gleichen Grundlage können Sie ein »inneres Meeting« mit Ihren Kritikern veranstalten. Nehmen Sie im Kopf unterschiedliche Positionen zu den folgenden Fragestellungen ein und wägen Sie die unterschiedlichen Lösungsansätze gegeneinander ab. Richten Sie dabei Ihren Blick in die Zukunft:

- Was kann ich tun, um den entstandenen Schaden zu minimieren?
- Wie kann ich zukünftig solche Fehler vermeiden?
- Welche Chancen ergeben sich aus der jetzigen Situation?
- Welche Handlungsmöglichkeiten habe ich?
- Welche Ziele muss ich neu überdenken?
- Welche neuen Entscheidungen stehen an?

Diese Übung hilft Ihnen dabei, dass Sie weiterhin aktiv bleiben und nicht handlungsunfähig werden. So finden Sie schneller einen Ausweg aus der misslichen Situation.

Wege zurück:
retten, was zu retten ist

Das Phänomen der Reue kennen die meisten Menschen: »Ach hätte ich nicht…«, »Ach wäre ich doch…«. Dieses Denken geht einher mit Schuldgefühlen, Trauer, Wut und Groll. Was glauben Sie? Ist das Reuegefühl größer, wenn Sie gehandelt oder wenn Sie nicht gehandelt haben? Psychologen haben diese Frage untersucht und festgestellt, dass Reue auf jeden Fall etwas mit dem Zeitfaktor zu tun hat.

Kurzfristig gesehen ist eine Niederlage am schmerzhaftesten, wenn sie die Folge des eigenen Handelns ist. Doch auf lange Sicht bereuen Menschen es mehr, nicht gehandelt als aus dem eigenen Handeln heraus eine Niederlage erlitten zu haben. Übertragen auf Entscheidungen und deren Umsetzung heißt das: Natürlich ist ein Misserfolg zunächst einmal schwer zu verkraften, doch langfristig geht es Ihnen auf jeden Fall besser, wenn Sie handeln – auch um den Preis einer Niederlage –, als wenn Sie nichts tun.

Dafür kommen mehrere Erklärungen in Frage: Zum einen relativiert sich nach längerer Zeit die Konsequenz aus einer Fehlentscheidung. »Ich bin zwar mit meinem Partner nicht klargekommen, dafür habe ich heute wunderbare Kinder.« Zum anderen neigen wir dazu, unseren Handlungsspielraum im Nachhinein heillos zu überschätzen. Ein »Hätte ich bloß…« ist also schwerer zu ertragen als ein »Ich habe, aber es ist schief gegangen«. Insofern ist die Volksweisheit »Wer nicht wagt, der nicht gewinnt« ein gutes Motto, um Niederlagen und Fehlentscheidungen anders zu bewerten.

Doch es hängt natürlich auch von Ihrer Persönlichkeit ab, wie Sie mit Fehlern umgehen. Ein Mensch, der generell positiv denkt, findet leichter selbst im Unglück noch etwas Positives als ein Mensch, der grundsätzlich alles negativ betrachtet. Fragen Sie also immer, ob Sie nicht auch

Glück im Unglück hatten. Gerade für sicherheitsbewusste oder gewohnheitsliebende Menschen, die eher zögerlich entscheiden, gilt: Handeln Sie doch im Zweifelsfall einfach einmal, um aus den Fehlern zu lernen. Ein Leben ohne Reue über Fehlentscheidungen gibt es nicht. Und es ist immer besser, aus Fehlern zu lernen, als eine Chance ungenutzt verstreichen zu lassen.

Schadensbegrenzung leicht gemacht

Sie haben eine Fehlentscheidung vor sich und anderen eingestanden? Dann verschaffen Sie sich nun einen Überblick darüber, was Ihre Entscheidung bewirkt hat. Häufig hängt der Schaden, der bei einem anderen Menschen entstanden ist, damit zusammen, dass Sie seine Bedürfnisse falsch eingeschätzt haben. Das wäre ein Indiz dafür, dass Sie eine wirklich wichtige Person nicht in Ihren Entscheidungsprozess mit einbezogen haben. Sie dachten vielleicht, dass der andere etwas Bestimmtes braucht, möchte, wünscht oder will. Aber wissen Sie das auch wirklich? Haben Sie ihn gefragt? Denken Sie gut darüber nach, denn so werden Sie lernen, zukünftig genauer nachzufragen – und auch zuzuhören. Doch was können Sie in der aktuellen Situation tun? Analysieren Sie erst einmal die Lage:

- Wem haben meine Entscheidung und mein Handeln geschadet?
- Welcher Schaden ist durch mein Handeln für die anderen entstanden?
- Welchen Schaden habe ich?
- Wer profitiert von meiner Entscheidung/meinem Handeln?
- In welcher Form profitieren andere Menschen davon?
- Was lerne ich aus meiner Entscheidung?
- Wie und womit kann ich den entstandenen Schaden gutmachen?
- Was kann ich nicht mehr retten?
- Welche Konsequenzen hat das für meine weiteren Handlungen?

Wenn Sie Antworten gefunden haben, werden Sie vor neuen Entscheidungen und Handlungen stehen. Achten Sie dann darauf, dass Sie nicht aus einem inneren Gefühlschaos heraus überstürzt handeln, sondern nehmen Sie sich Zeit.

Treten Sie erst nach gründlicher Überlegung den »Gang nach Canossa« an, um mit den Menschen, denen Sie mit Ihrer Entscheidung geschadet haben, zu sprechen. Dabei ist eine ehrlich gemeinte Entschuldigung ein wichtiger erster Schritt. Aber wissen Sie auch, wie Sie für Wiedergutmachung sorgen können, oder glauben Sie nur, dass Sie eine gute Idee haben? Dazu eine wichtige Anregung: Es bringt wenig, wenn Sie sich den Kopf darüber zermartern, was sich der Betroffene wohl wünscht, und Ihre Vorstellung dann einfach umsetzen. Denn damit schließen Sie ihn wieder aus.

Was also tun: Am einfachsten ist es, die betreffende Person direkt zu fragen. Bringen Sie Ihre Ideen ein, fassen Sie in Worte, was Sie sich ausgedacht haben, machen Sie Angebote – aber lassen Sie den Betroffenen auch bewerten, auswählen und eigene Wünsche formulieren. In solchen Fällen einfach hinzugehen und zu sagen: »Entschuldige bitte, ich hab Mist gebaut. Wie kann ich es wieder gutmachen?«, das reicht nicht. Wenn Sie ganz ohne Vorschlag in ein solches Gespräch gehen, könnte es so wirken, als sollte der andere allein Wege aus dem Dilemma suchen. Also, denken Sie in Ruhe nach, bereiten Sie sich vor und fragen Sie den anderen nach seinen Wünschen und Bedürfnissen.

Welche Konsequenzen müssen Sie tragen?

Nach Ihrer Analyse können Sie nun sicher klarer definieren, wo Handlungsspielraum besteht und wo nicht. Sie wissen, welche Schäden Sie wieder gutmachen und wo Sie nichts mehr retten können. Sie haben die Gefühle und Bedürfnisse anderer Menschen falsch eingeschätzt oder ignoriert? Je nachdem, wie tief die Verletzung dadurch ist, können Sie sich entschuldigen, und die Zeit wird Wunden heilen. Doch manche Folgen werden Sie nicht mehr bereinigen können. Dann müssen Sie damit umgehen lernen, dass Menschen oder auch Geld oder ein Job für Sie unwiederbringlich verloren sind.

Sie haben die Gefühle anderer Menschen verletzt

Diese Tatsache können Sie nur akzeptieren, reden Sie nichts schön. Am besten gehen Sie offen und ehrlich damit um und stehen zu Ihren Fehlern. Entschuldigen Sie sich und vertrauen Sie darauf, dass Menschen, die Sie wertschätzen, auch bereit sind zu verzeihen.

Aus eigener Erfahrung wissen Sie, dass dies nicht von heute auf morgen geht. Es braucht Zeit, Verletzungen zu verarbeiten. Und auch der Kopf hat einiges an Arbeit zu leisten, bis er versteht, dass der Schaden aus Versehen und nicht aus böser Absicht entstanden ist. Geben Sie anderen Menschen Zeit, Ihre Enttäuschungen zu verarbeiten. Richten Sie sich nach deren Wünschen und lassen Sie sie erst einmal in Ruhe, wenn sie es so möchten. Wer einfach zur Tagesordnung übergeht und so tut, als sei nichts Schlimmes passiert, löst neuen Unmut aus.

Ist die Situation so ernst, dass Sie das Geschehene nicht mehr allein mit den Betroffenen aufarbeiten können, seien Sie mutig: Holen Sie sich Hilfe von außen. Vielleicht finden Sie unter Ihren Freunden einen guten Moderator, der ein Gespräch zwischen Ihnen und der betroffenen Person in Gang bringen kann.

Wenn Sie merken, dass Sie so nicht weiterkommen, brauchen Sie professionelle Unterstützung. Je nach Situation kann das eine Ehe- oder Familienberatung, der Betriebsrat, die Gleichstellungsbeauftragte oder in privatrechtlichen Auseinandersetzungen eine Ombudsstelle sein, die außergerichtlich eine Einigung zwischen Konfliktparteien erreicht. Auch Anwälte können dabei helfen, eine Lösung zu finden.

Sie haben sich für die falsche Alternative entschieden

Sobald Sie merken, dass Sie die falsche Option gewählt haben, analysieren Sie erst einmal, mit welchen Aspekten der neuen Situation Sie nicht zufrieden sind und was Sie stattdessen wollen. Wenn Ihnen Ihr neuer Job nicht gefällt, geht es darum, langfristig wieder eine Aufgabe zu finden, die Ihnen Spaß macht, in einem guten Team und mit einem Vorgesetzten, der seine Mitarbeiter gut behandelt und wertschätzt. Ein solcher Prozess dauert lang, da Sie eine Zielsetzung und eine gute Planung brauchen, bevor Sie eine neue Entscheidung treffen können (→ Seite 11).

Ihr Einsatz war zu hoch

Haben Sie zum Beispiel viel Geld in Aktien investiert und die Kursentwicklung war anders als erwartet, können Sie aus dieser Erfahrung nur für die nächsten Spekulationen lernen. Oder Sie wenden sich an Profis, die dann Ihr Geld für Sie in Fonds investieren und im Blick haben, was mit den Kursen geschieht. Bevor Sie erneut eine Entscheidung mit großer Reichweite treffen, können Sie mit dem Worst-Case-Szenario (→ Seite 66) das Risiko prüfen. Fassen Sie solche Entschlüsse nicht überstürzt, sondern nehmen Sie sich Zeit, alle möglichen Eventualitäten zu erkennen und zu überdenken.

Sie haben voreilig gehandelt

Stellen Sie sich vor, Sie haben gekündigt, weil Sie eine bessere Stelle in Aussicht hatten. Das neue Arbeitsverhältnis ist nicht zustande gekommen – aber eine Kündigung lässt sich nur in sehr wenigen Ausnahmefällen wieder rückgängig machen. Die Folge ist zumindest eine vorübergehende Arbeitslosigkeit, die Sie akzeptieren müssen. Solche schlimmen Folgen können Sie vermeiden, wenn Sie zukünftig ein wenig ruhiger an die Umsetzung Ihrer Ideen herangehen und für schwer wiegende Entscheidungen zuerst einmal einen Entscheidungsplan (→ Seite 36) erstellen.

Sie haben Warnsignale ignoriert

Wenn Sie sich entscheiden, sich beruflich zu verändern und deshalb drei Jahre lang eine Wochenendbeziehung führen, ist es notwendig, dass beide Partner hinter diesem Entschluss stehen. Doch was passiert mit Ihrer Beziehung, wenn Sie Warnsignale nicht wahrnehmen, die darauf hinweisen, dass die Beziehung diese Veränderung nicht verträgt? Nach drei Jahren müssen Sie erkennen, dass Sie zwar beruflich vorangekommen sind, Ihre Beziehung aber zerbrochen ist.

Analysieren Sie in ähnlichen Fällen genau, was abgelaufen ist. Nicht die Entscheidung, für drei Jahre eine Wochenendbeziehung in Kauf zu nehmen, hat in diesem Beispiel zum Scheitern der Beziehung geführt, sondern das Ignorieren der Warnsignale. Sie wissen, nicht nur das Ziel, sondern auch der Weg dorthin ist wichtig. Und unterwegs sind jederzeit Kurskorrekturen nötig und möglich.

Sie können negative Konsequenzen Ihrer Entscheidung minimieren, indem Sie Ihre eigenen Bedürfnisse und Wünsche sowie die Ihrer Mitmenschen nicht außer Acht lassen, während Sie Ihre Pläne umsetzen. Klären Sie immer wieder mit den Beteiligten ab, ob alles noch im Rahmen verläuft, und nutzen Sie die Technik der inneren Achtsamkeit (→ Seite 79), um Ihre Gefühle nicht aus dem Blick zu verlieren.

Sie haben unfair gehandelt

Wer am Stuhl seines Vorgesetzten sägt, ohne zum Ziel zu kommen, kann kaum erwarten, dass ihn diese Person noch fördert. Solche Konsequenzen sind vorhersehbar und verständlich, darüber braucht man sich nicht zu wundern. Dann kann man nur aus den eigenen Fehlern lernen und beim nächsten Mal klüger handeln.

Denken Sie zuerst darüber nach, welche Folgen Ihr Verhalten haben könnte, und entscheiden Sie dann. Praktizieren Sie die innere Achtsamkeit (→ Seite 79), um bei sich selbst zu bleiben, und denken Sie sich Worst-Case-Szenarien (→ Seite 66) aus, um sich die Folgen Ihres Handelns vor Augen zu führen.

Der Blick nach vorn: auf zu neuen Ufern

Bevor Sie sich neu orientieren, ist es wichtig, dass Sie sich Ihr altes Ziel noch einmal vor Augen führen. Wenn Sie Ihren Entscheidungsprozess schriftlich festgehalten haben, wird Ihnen das sicher leicht fallen. Betrachten Sie Ihr Ziel noch einmal sehr genau und visualisieren Sie es mit den veränderten Rahmenbedingungen. Beantworten Sie dann die folgenden Fragen:

- Erscheint Ihnen Ihr Ziel immer noch erstrebenswert?
- Sehen Sie immer noch Möglichkeiten, die Hindernisse und Schwierigkeiten zu überwinden?
- Können Sie mit Ihren Ängsten noch umgehen?

Sind Sie sicher, dass dies der Fall ist? Gut, dann können Sie sich daran machen, Wege zu finden, wie Sie Ihr Vorhaben unter den derzeitigen Umständen umsetzen können. Wenn Sie nicht alle drei Fragen mit Ja beantworten konnten, werden Sie nicht umhin können, ein ganz neues Ziel zu definieren.

Wenn Sie sich umorientieren, stehen Sie vor anderen Fragestellungen und Aufgaben als vorher. Definieren Sie Probleme und Schwierigkeiten neu, damit Sie zielgerichtet passende Lösungen entwickeln können. Befassen Sie sich dazu mit den folgenden Fragen und schreiben Sie Ihre Antworten am besten auf:

- Was hat sich innerlich verändert?
- Was hat sich äußerlich verändert?
- Womit bin ich unzufrieden?
- Was möchte ich verändern?
- Welche Möglichkeiten habe ich im Moment?
- Welche Wege stehen mir langfristig offen?
- Wer kann mich unterstützen?
- Welche Informationen brauche ich?

Erfahrungsbericht

Sandras neuer Weg

Das Gefühl wird immer stärker: Sandra ist mit der Arbeit, mit der Teamatmosphäre und dem neuen Vorgesetzten unzufrieden. Das wirkt sich nicht nur auf sie, sondern auf die gesamte Familie aus. Sie reagiert sehr gereizt, hat weniger Geduld mit den Kindern, und ihr Mann muss sich jeden Abend anhören, wie unzufrieden sie mit ihrer Arbeit ist.

Harald weist Sandra darauf hin, dass es Zeit für eine Veränderung ist. Er hat keine Lust, sich jeden Abend das Gleiche anzuhören, außerdem lehnt Sandra all seine Lösungsvorschläge einfach ab. Erst wird Sandra sauer, weil sie eigentlich Unterstützung von Harald erwartet hat. Doch nach mehreren Gesprächen sieht sie ein, dass es so ganz sicher nicht weitergehen kann.

Ihre erste Reaktion ist die typische Abwehr: »Nein, ich will nicht schon wieder entscheiden!« Doch sie merkt selbst, wie belastend dieser Zustand ist, er darf nicht mehr lange andauern. Entweder versucht sie, etwas zu ändern (change it), oder sie akzeptiert die Situation so, wie sie ist (love it). Da sie diese beiden Möglichkeiten nicht sieht, bleibt ihr nur das Herausgehen aus der Situation (leave it). So beginnt Sandra ihren Entscheidungsprozess aufs Neue und überdenkt ihre Zielvorstellungen.

4

Wie Sie sehen, beginnt der Entscheidungsprozess aufs Neue. Der Unterschied besteht allerdings darin, dass die Ausgangssituation nach einer Fehlentscheidung häufig schlechter ist als zuvor. Analysieren Sie daher Ihre aktuelle Situation sehr gründlich und setzen Sie all Ihre Kreativität ein, um Alternativen zu entwickeln.

Die meisten Menschen wünschen sich nach einer falschen Entscheidung Alternativen, die mit mehr Sicherheit verbunden sind, doch das ist fast nie der Fall. Sorgen Sie selbst für gute Voraussetzungen, indem Sie gründlich recherchieren und versuchen, Ihren Blickwinkel zu erweitern, damit Sie keine Möglichkeit übersehen.

Prüfen Sie darüber hinaus auch nach, ob Sie bei Ihrer vorangegangenen Entscheidung in eine der typischen Entscheidungsfallen (→ Seite 96) getappt sind. Auf diese Weise können Sie vermeiden, dass Sie den gleichen Fehler zweimal machen.

Auf der Suche nach Alternativen

Suchen Sie auch aktiv nach ganz neuen Optionen, die Sie vorher noch nicht berücksichtigt haben. Das gilt vor allem dann, wenn Sie an Ihrem bisherigen Ziel festhalten und davon überzeugt sind, dass es realisierbar ist. Denn dabei besteht die Gefahr, dass Sie nur mit schon bekannten Alternativen arbeiten – eine typische Denkfalle. Ihre Gedanken folgen einem bestimmten Gleis, jedes Abweichen nach links oder rechts wird dadurch verhindert.

Nutzen Sie in solchen Situationen kreative Techniken wie die Denkhüte (→ Seite 92), das Mind Mapping (→ Seite 84), gehen Sie in den Zauberwald (→ Seite 91) oder tauchen Sie weg wie Salvador Dalí (→ Seite 88). Damit erweitern Sie Ihren Blickwinkel und können Möglichkeiten entwickeln, die Sie bisher nicht gesehen haben.

Für den neuen Entscheidungsprozess brauchen Sie übrigens nicht ganz von vorne anzufangen. Sie können die Informationen benutzen, die

Sie bereits recherchiert haben. Kontrollieren Sie, ob sie noch stimmen, und aktualisieren Sie sie bei Bedarf. Nun ergänzen Sie noch die Daten und Fakten, die Sie brauchen, um Ihre neu gefundenen Optionen zu bewerten. Falls Sie wenig Zeit haben, können Sie eine Person Ihres Vertrauens darum bitten, dass Sie Ihnen hilft.

Groß denken mit Walt Disney

Kennen Sie die Technik der Denkstühle oder Denkräume, die Walt Disney eingesetzt hat, um neue Ideen zu finden und umzusetzen? Zunächst, so die »Überlieferung«, setzte er sich auf drei verschiedene Stühle, um den Blickwinkel des Visionärs, des Realisten und des Kritikers einzunehmen, später benutzte er dafür drei Räume:

- Im ersten Raum entwickelte er seine Visionen.
- Im zweiten Raum überprüfte er, was er für realisierbar hielt.
- Im dritten Raum schrieb er alle Hindernisse und Probleme auf, die bei der Umsetzung entstehen können, um sie dann Schritt für Schritt zu bearbeiten. Dabei ergaben sich nicht nur Optionen, die Walt Disney für realisierbar hielt, sondern er schaffte es zudem auch, seine Visionen zu verwirklichen.

Profitieren auch Sie von dieser Technik: Legen oder hängen Sie drei große Flipchartblätter mit den Überschriften Visionär(in), Realist(in) und Kritiker(in) in drei verschiedene Ecken eines Raumes, vielleicht sogar in drei Räume, und denken Sie jeweils nur in die vorgegebene Richtung. Starten Sie mit Ihren Visionen, prüfen Sie dann die Umsetzbarkeit und am Ende befassen Sie sich mit den Problemen und deren Lösung. Erlauben Sie sich kreative und verrückte Ideen. Optionen streichen können Sie später immer noch.

Indem Sie groß denken, werden Sie eine Fülle von neuen Optionen entwickeln. Diese wollen wieder – wie schon beim Entscheidungsprozess zuvor – mit Techniken bewertet werden, damit Sie unrealistische Wege von vornherein streichen können.

Verlassen Sie gewohnte Bahnen

Wie sieht es bei Ihnen aus? Haben Ihnen die Techniken, die für Ihren Entscheidungstyp empfohlen wurden (→ Seite 24ff.), geholfen? Konnten Sie Ihre Entscheidungsfallen umgehen? Oder möchten Sie gerne noch andere Varianten ausprobieren? Folgen Sie bei der Auswahl nicht immer nur den gewohnten Gleisen. Experimentieren Sie, seien Sie offen für Ihre eigenen Empfindungen und finden Sie heraus, welche Entscheidungstechnik Ihnen persönlich am besten hilft. Hier finden Sie noch neue Anregungen für jeden Entscheidungstyp, um Ihre Entscheidung anzupassen und auch einmal einen anderen Weg zu gehen. Lassen Sie sich inspirieren.

- SICHERHEITSBEWUSSTE: Entwickeln Sie Optionen mit Mind Maps (→ Seite 84), so verschaffen Sie sich den Überblick, den Sie für Ihre Sicherheit brauchen. Sie können immer wieder auf diese Informationen zurückgreifen und daraus für andere Entscheidungen profitieren. In wiederkehrenden ähnlichen Entscheidungssituationen helfen Ihnen Checklisten (→ Seite 60), schneller und sicherer zu entscheiden. Fragen Sie sich auch »Was würden meine Vorbilder sagen?« (→ Seite 88), um für Sie ganz neue Optionen zu entwickeln und im Nachhinein aus Fehlentscheidungen zu lernen.
- GEWOHNHEITSLIEBENDE: Wahrscheinlich ist es Ihnen unangenehm, Ihre Entscheidung den neuen Bedingungen anzupassen, weil es wieder eine Veränderung bedeutet. Suchen Sie sich deshalb einen neuen Rahmen für »Ihr« Bild (→ Seite 110) und stellen Sie sich vor, was Sie Ihrer besten Freundin empfehlen würden (→ Seite 89). Sie werden dadurch flexibler und treffen leichter eine Entscheidung. Nutzen Sie auch die Techniken »Alles bleibt, wie es ist« (→ Seite 20) und »Es verändert sich« (→ Seite 20), um sich die Dringlichkeit der Veränderung genauer zu verdeutlichen. Werfen Sie die Münze und erspüren Sie dadurch, zu welcher Option Sie sich stärker hingezogen fühlen.

Erfahrungsbericht

Sandras Visionen

Sandra konzentriert sich nun auf die Suche nach einer neuen Arbeitsstelle. Zwar hat sie bei ihrer ersten Entscheidung schon recherchiert, doch jetzt nimmt sie sich mehr Zeit und geht gründlicher vor. Ihr Ziel erreicht sie trotzdem nicht, sie bekommt auf ihre Bewerbungen nur Absagen.

Also beschließt Sandra, nach Optionen zu suchen, die sie bisher übersehen hat. Und plötzlich erkennt sie auch ihre Denkfalle: Sie hat sich auf ihr bisheriges Berufsfeld beschränkt. Aber hat sie nicht noch andere Fähigkeiten, mit denen sie etwas ganz anderes machen könnte?

In ihrer Rolle als Visionärin gestattet sie es sich, groß zu denken: Wie wäre es mit einem Office-Service für kleinere Unternehmen, die ihre Buchhaltung auslagern wollen? Sie könnte selbstständig von zu Hause aus arbeiten und hätte flexible Arbeitszeiten. Wäre sie vielleicht auch eine gute Tagesmutter? Hätte sie die Nerven, nicht nur die eigenen, sondern auch fremde Kinder zu betreuen und damit Geld zu verdienen? Oder sie macht eine Fortbildung zur Fitnesstrainerin und gibt abends Kurse. Könnte sie nicht auch innerhalb ihrer jetzigen Firma in einen anderen Bereich wechseln? Vielleicht könnte ihr früherer Chef sie unterstützen.

Angesichts dieser Ideenvielfalt wird Sandra schwindlig, und sie wechselt zur Rolle der Realistin. Die Option, sich innerhalb der Firma zu verändern, versieht sie mit einem Fragezeichen, denn dazu fehlen ihr noch Informationen. Tagesmutter zu werden hält sie für genauso realistisch wie die Selbstständigkeit. Als sie zur Kritikerin wird, ist sie äußert kreativ: Ihr fallen unzählige Hindernisse ein. Doch sie schaut genau hin, welche davon zu überwinden wären. Am Ende nimmt sie sich die Optionen »Selbstständigkeit« und »Wechsel innerhalb des jetzigen Unternehmens« vor und recherchiert die noch fehlenden Informationen.

- **SPONTANE UMKREMPLERIN:** Tappen Sie immer noch in die »Spontan-Falle«? Dann können die Denkhüte (→ Seite 92) Sie beim differenzierten Blick unterstützen. Wenn Ihnen diese Technik auf den ersten Blick zu aufwändig erscheint, versuchen Sie es doch einmal gemeinsam mit der Familie oder mit Freunden. Das bringt Sie nicht nur im Entscheidungsprozess weiter, sondern macht auch Spaß. Bevorzugen Sie dagegen weniger Standpunkte, dann überprüfen Sie mit der Walt-Disney-Technik (→ Seite 147) die kritischen Punkte. Führen Sie ein Intuitionstagebuch (→ Seite 81), damit Sie die Gründe für Fehlentscheidungen herausfinden, und praktizieren Sie die innere Achtsamkeit (→ Seite 79), um Ihre Stimmungen und Körpersignale besser kennen zu lernen.

Prüfen Sie Ihr neues Vorhaben

Sie haben eine neue Zielsetzung für sich gefunden oder Ihr altes Ziel auf den Prüfstand gestellt und an die geänderten Bedingungen angepasst? Dann nutzen Sie jetzt die Gelegenheit, Ihr aktuelles Vorhaben anhand der folgenden Fragen zu prüfen. Nehmen Sie sich Zeit und schreiben Sie Ihre Antworten auf.

- Wie lautet Ihr neues Ziel?
- Welchen Nutzen bringen Teilerfolge der vorherigen Zielsetzung?
- Welche bereits erreichten Teilziele hindern Sie daran, an das neue Ziel zu gelangen?
- Welche neuen Hindernisse sind entstanden?
- Welche neuen Fragen sind aufgetaucht?
- Welche Informationen brauchen Sie noch?
- Wer kann Ihnen helfen, sich auf das neue Ziel auszurichten?
- Wie erklären Sie sich selbst Ihre neue Zielsetzung?
- Wie wollen Sie anderen Menschen Ihre neue Zielsetzung erklären?
- Welche ersten Schritte wollen Sie gehen, um dieses Ziel zu erreichen?

Ihr Weg zu guten Entscheidungen

Herzlichen Glückwunsch! Sie haben viele unterschiedliche Entscheidungstechniken erlernt, mit denen Sie zukünftig schneller und sicherer entscheiden werden. Als Umsetzungshilfe für neue Vorhaben können Sie die Kopiervorlage im Anhang (→ Seite 152 f.) nutzen. Sie wird Sie dabei unterstützen, Ihren persönlichen Weg zu finden.

- Gehen Sie Ihren Weg einfach Schritt für Schritt voran. Dann gewinnen Sie mehr Sicherheit bei Ihren Entscheidungen und lernen sich besser kennen, denn »Glück ist, im Einklang mit der inneren Veranlagung zu leben« (Zenta Maurina/lettische Schriftstellerin).
- Stärken Sie Ihr inneres Team aus Gefühl und Verstand, denn »Die großen Gedanken kommen aus dem Herzen« (Luc de Clapiers de Vauvenargues/französischer Philosoph).
- Und gestehen Sie sich Fehler zu, denn »Erfahrungen sind nur die positive Beschreibung erlebter Irrtümer« (Oscar Wilde/irischer Schriftsteller).

Nun bleibt mir noch, Ihnen viel Spaß und viel Erfolg beim Entwickeln und Umsetzen Ihrer Visionen zu wünschen. Starten Sie durch!

Ihre persönliche Entscheidungshilfe

Welcher Entscheidungstyp sind Sie?

Kennen Sie Ihre Entscheidungsfallen? Welche sind es?

Welche Entscheidungstechniken haben Ihnen spontan gefallen?

Welche Entscheidungstechniken sind die hilfreichen für Ihren Typ?

Welche Entscheidung steht als Nächstes an?

Bis wann wollen Sie sich entscheiden?

Welche Entscheidungstechniken wollen Sie dabei ausprobieren?

Sind sowohl rationale als auch intuitive Techniken dabei?

Passt die Technik zur Entscheidung? (Siehe Tabelle in Klappe)

Wer kann Sie beim Ausprobieren der Techniken unterstützen?

Was werden Sie tun, wenn Ihnen das Ergebnis der Entscheidungstechnik nicht gefällt?

Wie wollen Sie sich für eine gute Entscheidung belohnen?

Wie feiern Sie Ihren Erfolg?

Vertrag mit mir selbst

Meine Entscheidung:

____

____

Ziel:

____

____

Was will ich erreichen?

____

____

Bis wann?

____

Etappenziele

Schritt 1 ________________________________

Was? ________________________________

Bis wann? ________________________________

Schritt 2 ________________________________

Was? ________________________________

Bis wann? ________________________________

Schritt 3 ________________________________

Was? ________________________________

Bis wann? ________________________________

____

Schritt 4 ______________________________

Was? ______________________________

Bis wann? ______________________________

Welche Widerstände sind zu überwinden?

Von innen ______________________________

Wer hilft mir dabei? ______________________________

Wie? ______________________________

Von innen ______________________________

Wer hilft mir dabei? ______________________________

Wie? ______________________________

Von außen ______________________________

Wer hilft mir dabei? ______________________________

Wie? ______________________________

Von außen ______________________________

Wer hilft mir dabei? ______________________________

Wie? ______________________________

____

Ort/Datum Unterschrift

Adresse der Autorin

bps-training
Birgit Preuß-Scheuerle
Schwalbenstr. 9
65428 Rüsselsheim
Telefon: 0 61 42-5 97 09
Fax: 0 61 42-95 13 07
E-Mail:
info@bps-training.de
Homepage:
www.bps-training.de

Bücher und Zeitschriften, die weiterhelfen

Gefühle

Gehirn&Geist, Das Magazin für Psychologie und Hirnforschung. Spektrum der Wissenschaft, Heidelberg

Goleman, Daniel: *Emotionale Intelligenz.* Deutscher Taschenbuchverlag, München

Klein, Stefan: *Die Glücksformel oder Wie die guten Gefühle entstehen.* Rowohlt Taschenbuch Verlag, Reinbek bei Hamburg

LeDoux, Joseph: *Das Netz der Gefühle. Wie Emotionen entstehen.* Carl Hanser Verlag, München/Wien

Kreativität

Birkenbihl, Vera: *Stroh im Kopf.* Gabal Verlag, Offenbach

de Bono, Edward: *Serious Creativity. Die Entwicklung neuer Ideen durch die Kraft lateralen Denkens.* Schäffer-Poeschel Verlag, Stuttgart

Nöllke, Matthias: *Kreativitätstechniken.* Haufe Verlag, Planegg bei München

Schlicksupp, Helmut: *30 Minuten für mehr Kreativität.* Gabal Verlag, Offenbach

Entscheidungen

Krenovsky, Annette/Reiter, Wilfried: *Es irrt nicht nur der Chef. Erkennen Sie die fatalsten Denkfehler im Beruf und entscheiden Sie richtig.* Kösel Verlag, München

Malik, Fredmund: *Führen, Leisten, Leben. Wirksames Management für eine neue Zeit.* Deutsche Verlags-Anstalt, Stuttgart/München

Storch, Maja: *Das Geheimnis kluger Entscheidungen.* Goldmann Verlag, München

Gesprächsführung – überzeugen und sich durchsetzen

Bonneau, Elisabeth: *Erfolgsfaktor Smalltalk. Mühelos Kontakte knüpfen.* Gräfe und Unzer Verlag, München

Bonneau, Elisabeth: *Smalltalk.* Gräfe und Unzer Verlag, München

Dölz, Susanne: *Sich durchsetzen.* Haufe Verlag, Planegg bei München

Hertzer, Karin: *Rhetorik im Job. In jeder Situation überzeugen.* Gräfe und Unzer Verlag, München

Neumann, Eva: *Ich bin da anderer Meinung… Schwierige Gespräche leicht gemacht.* Herder Verlag, Freiburg im Breisgau

Öttl, Chistine/Gitte, Härter: *Schlagfertig.* Gräfe und Unzer Verlag, München

Preuß-Scheuerle, Birgit: *Praxishandbuch Kommunikation. Überzeugend auftreten, zielgerichtet argumentieren, souverän reagieren.* Gabler Verlag, Wiesbaden

Stöger, Gabriele: *Wie führe ich meinen Chef? Erfolgreiche Kommunikation von unten nach oben.* Orell Füssli Verlag AG, Zürich

Wahl, Heidi: *Rhetorik.* Gräfe und Unzer Verlag, München

Walther, George: *Sag, was du meinst, und du bekommst, was du willst. Mit Power Talking zum Erfolg.* Econ Verlag, Düsseldorf/München

Bewerbung

Öttl, Christine/Härter, Gitte: *Schriftliche Bewerbung.* Gräfe und Unzer Verlag, München

Öttl, Christine/Härter, Gitte: *Vorstellungsgespräche. Souverän ans Ziel kommen.* Gräfe und Unzer Verlag, München

Püttjer, Christian; Schnierda, Uwe: *Vorstellungsgespräch.* Campus, Frankfurt am Main

Zeitmanagement

Herwig, Ute Elisabeth: *Zeit Diät. Zeit managen und Stress abbauen ohne Jojo-Effekt.* Gräfe und Unzer Verlag, München

Herwig, Ute Elisabeth: *Zeit managen.* Gräfe und Unzer Verlag, München

Massow, Martin: *Gute Arbeit braucht ihre Zeit. Die Entdeckung der kreativen Langsamkeit.* Heyne, München

Nussbaum, Cordula: *Familien-Alltag sicher im Griff. So meistern Sie das alltägliche Chaos gelassen und souverän.* Gräfe und Unzer Verlag, München

Öttl, Chistine/Gitte, Härter: *Weg mit dem Stress.* Gräfe und Unzer Verlag, München

Seiwert, Lothar: *Das neue 1x1 des Zeitmanagement.* Gräfe und Unzer Verlag, München

Konfliktlösung

Fehlau, Eberhard G.: *Konflikte im Beruf. Erkennen, lösen, vorbeugen.* Haufe Verlag, Planegg bei München

Glasl, Friedrich: *Selbsthilfe in Konflikten. Konzepte, Übungen, praktische Methoden.* Verlag Freies Geistesleben, Stuttgart

Motivation

Niermeyer, Rainer/Seyffert, Manuel: *Motivation.* Haufe Verlag, Planegg bei München

Sprenger, Reinhard K.: *30 Minuten für mehr Motivation.* Gabal Verlag, Offenbach

Persönlickeit

Seiwert, Lothar /Gay, Friedbert: *Das neue 1x1 der Persönlichkeit.* Gräfe und Unzer Verlag, München

Vorbeck, Marion: *Image-Training.* Gräfe und Unzer Verlag, München

Internetadressen, die weiterhelfen

Kinderbetreuung

www.iapa.org
International Au Pair Association

www.tagesmuetter-bundesverband.de
www.leihopa.de
Auf diesen Seiten stehen die wichtigsten Informationen zu den verschiedenen Kinderbetreuungsmöglichkeiten zur Verfügung.

Teilzeitarbeitsmodelle

www.familienhandbuch.de
www.vereinbarkeitslotse.de
www.bmfsfj.de
Auf diesen Seiten finden Sie vielfältige Informationen und Links zum Thema Vereinbarkeit von Familie und Beruf.

www.arbeitsrecht.de
Hier finden Sie die wichtigsten Arbeitsgesetze.

Coachingangebote

www.coach-profile.de
Internetseite mit zertifizierten Coaches samt Profil und Preisangaben.

Stellensuche

www.arbeitsagentur.de
Seite des Arbeitsamts, die zahlreiche Informationen rund um die Stellensuche bietet.

www.jobrobot.de
Hier finden Sie sowohl allgemeine als auch auf bestimmte Berufsgruppen spezialisierte Stellenbörsen.

www.monster.de
www.jobscout24.de
www.jobware.de
Weitere Jobbörsen mit großem Angebot.

Register

Impressum

Programmleitung
Steffen Haselbach
Leitende Redaktion
Anita Zellner
Idee und Konzept
Esther Szolnoki, Barbara Hirmer
Redaktion
Esther Szolnoki
Lektorat
Cornelia Rüping
Umschlag und Gestaltung:
independent Medien-Design
Titelillustration:
Isabelle Follath/if illustration
Illustrationen:
Sonja Heller (Vignette), Birgit Dauenhauer (Mind Map)
Herstellung:
Bettina Häfele
Satz und Repro:
Uhl + Massopust, Aalen
Druck und Bindung:
Druckhaus Kaufmann, Lahr

Umwelthinweis
Dieses Buch wurde auf chlorfrei gebleichtem Papier gedruckt. Um Rohstoffe zu sparen, haben wir auf Folienverpackung verzichtet.

ISBN (10)
3-8338-0162-X
ISBN (13)
978-3-8338-0162-4
Auflage 5. 4. 3. 2. 1.
Jahr 10 09 08 07 06

Wichtiger Hinweis

Die Beiträge in diesem Buch sind sorgfältig recherchiert und entsprechen dem aktuellen Stand.
Abweichungen, beispielsweise durch seit Drucklegung geänderte Preise, Gebühren, Anlageentwicklungen, WWW-Adressen etc., sind nicht auszuschließen.
Weder Autoren noch Verlag können für eventuelle Nachteile oder Schäden, die aus den im Buch gegebenen praktischen Hinweisen resultieren, eine Haftung übernehmen.

GRÄFE UND UNZER

Ein Unternehmen der
GANSKE VERLAGSGRUPPE

Das Original mit Garantie

Ihre Meinung ist uns wichtig.

Deshalb möchten wir Ihre Kritik, gerne aber auch Ihr Lob erfahren. Um als führender Ratgeberverlag für Sie noch besser zu werden. Darum: Schreiben Sie uns! Wir freuen uns auf Ihre Post und wünschen Ihnen viel Spaß mit Ihrem GU-Ratgeber.

Unsere Garantie: Sollte ein GU-Ratgeber einmal einen Fehler enthalten, schicken Sie uns das Buch mit einem kleinen Hinweis und der Quittung innerhalb von sechs Monaten nach dem Kauf zurück. Wir tauschen Ihnen den GU-Ratgeber gegen einen anderen zum gleichen oder zu einem ähnlichen Thema um.

GRÄFE UND UNZER VERLAG
Redaktion Leben & Lernen
Postfach 86 03 25
81630 München
Fax: 089/41981-113
E-Mail: leserservice@graefe-und-unzer.de